2016

中国财政概览

郑春荣◎主编

上海财经大学出版社

图书在版编目(CIP)数据

2016 中国财政概览/郑春荣主编.—上海:上海财经大学出版社,
2016.11
ISBN 978-7-5642-2587-2/F·2587

Ⅰ.①2… Ⅱ.①郑… Ⅲ.①财政-概况-中国-2016 Ⅳ.①F812

中国版本图书馆 CIP 数据核字(2016)第 265068 号

□ 责任编辑　江　玉
□ 封面设计　张克瑶

2016 ZHONGGUO CAIZHENG GAILAN
2 0 1 6 中 国 财 政 概 览
郑春荣　主编

上海财经大学出版社出版发行
(上海市武东路 321 号乙　邮编 200434)
网　　址:http://www.sufep.com
电子邮箱:webmaster @ sufep.com
全国新华书店经销
上海华教印务有限公司印刷装订
2016 年 11 月第 1 版　2016 年 11 月第 1 次印刷

787mm×1092mm　1/16　14.75 印张(插页:1)　340 千字
定价:58.00 元

序

我长期从事财政、社会保障的研究与教学,也一直参与蒋洪教授、刘小兵教授等组织的每年中国省级财政透明度调查,对我国财政数据有一定了解。有全面、方便易用、及时的财政数据作为研究基础,是广大财税学者一致的想法。然而,我国现行的财政数据公开存在一些明显的弊端:

一是数据碎片化。根据现行的《中华人民共和国政府信息公开条例》,财政信息"谁制作、谁公开",中国有 31 个省(自治区、直辖市)、近 300 个地级市和2 000多个县的数据散落在各级政府,难以全面完整搜集。

二是数据不完整。虽然《中国统计年鉴》、《中国财政年鉴》等均有财政数据的固定栏目,但长期以来,一般仅公布"公共预算收支",对于政府性基金、国有资本经营预算以及社会保险基金预算等尚无披露。直观地讲,就是四个"口袋"中只有一个"口袋"的钱有较为完整的披露。

三是数据不及时。通常《中国统计年鉴》、《中国财政年鉴》和《中国区域经济年鉴》等主要财政信息出版物均要等到地方财政决算完成以后再制作出版,常常要滞后 1~2 年。例如,2014 年的财政决算要在 2015 年 7—8 月在各级人大常委会上通过,统计部门再进行汇总、整理和出版,又要等上半年至一年,要看到这些财政数据往往需要滞后一年半。

此外,由于财政数据公布的非标准化,许多媒体在报道"财政收入"或"财政支出"时,使用了各种口径的财政收支数据,也造成了一定的混乱。

近几年省级财政部门的财政透明度水平有所提高,相当多的数据已经公开,于是我萌发了自行搜集整理财政数据的想法。我所在的单位——上海财经大学公共政策与治理研究院是上海市教委首批建设的 10 家高校智库之一,以资政启民为己任。我的想法得到了研究院院长胡怡建教授的肯定,胡教授鼓励我进行这方面的尝试。

本书数据的脉络主要有两条:一是分为中央政府与各省财政(是全省财政,不是省本级财政);二是分为一般公共预算、政府性基金、国有资本经营预算、社会保险基金预算。此外,还列出中央与各省的债务余额。读者从本书可以较为清晰地了解到中国财政预算的基本情况。

全书从 2016 年 3 月开始构思和搜集数据,到现在付梓出书,前后仅有三个多月。由于时间有限,财政数据的依申请公开未能进行,因而所有数据均为政府主动公开数据,而且部分地市级数据系二手数据整理。由于数据所限,许多想法无法付诸实施,特别是本书原设想以一种标准化的表格来展示中央和各省(自治区、直辖市)的财政数据,并以此进行年度间、省际间的归纳与比较,可以说这个想法基本上是失败了,只能依据各省(自治区、直辖市)实际公布的情况进行整理。恳请财政学界的专家学者、实务界人士多提宝贵意见,在明年再进行完善。

在本书的撰写过程中,蔡春光博士、田志伟博士、徐超博士、宫映华博士研究生、李勇博士研究生,以及刘哲、赵喜梅、李运哲等多位硕士研究生提供了大量的帮助,在此一并感谢!

郑春荣

2016 年 9 月 8 日

目　录
CONTENTS

1 全国财政概览

2015年,面对错综复杂的国际形势和艰巨繁重的国内改革发展稳定任务,我国政府不断创新宏观调控思路与方式,深入推进结构性改革,经济社会发展迈上新台阶,实现了"十二五"圆满收官。如图1—1所示,2015年我国全年GDP 676 708亿元,同比增长6.9%,为1990年以来25个年度GDP最低涨幅。[①]

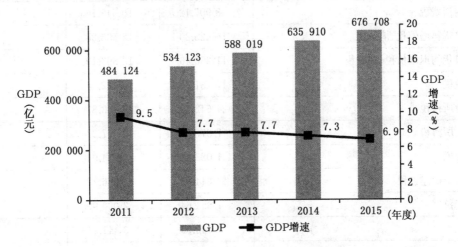

图1—1　2011—2015年国内生产总值(GDP)及其增长速度

1.1　全国一般公共预算收支

2015年全国一般公共预算收入同口径增长5.8%,低于7.3%的预算增长目标,为

[①] 本书对我国财政概览的数据统计范围仅限于大陆地区31个省级行政区域,下同。

1988 年以来最低①。

需要说明的是：

第一，按照完善政府预算体系的要求,2015 年我国将政府性基金中用于提供基本公共服务以及主要用于人员和机构运转等方面的 11 项基金转列一般公共预算,具体包括地方教育附加、文化事业建设费、残疾人就业保障金、从地方土地出让收益计提的农田水利建设和教育资金、转让政府还贷道路收费权收入、育林基金、森林植被恢复费、水利建设基金、船舶港务费、长江口航道维护收入等 11 项基金②。

第二,从 2016 年 1 月 1 日起,我国将水土保持补偿费、政府住房基金、无线电频率占用费、铁路资产变现收入、电力改革预留资产变现收入 5 项基金转列一般公共预算③。

2016 年收支数字是在已包含政府性基金预算部分项目转列一般公共预算的收支数,收入压力可见一斑。具体数据参见表 1—1 至表 1—3。

表 1—1　　　　　　　　全国一般公共预算收入　　　　　　　　单位:亿元

科　目	2014 年	2015 年	2016 年
一、税收收入	119 175.31	124 922.20	
国内增值税	30 855.36	31 109.47	
国内消费税	8 907.12	10 542.16	
进口货物增值税、消费税	14 425.30	12 533.35	
出口货物退增值税、消费税	−11 356.46	−12 867.19	
营业税	17 781.73	19 312.84	
企业所得税	24 642.19	27 133.87	
个人所得税	7 376.61	8 617.27	
资源税	1 083.82	1 034.94	
城市维护建设税	3 644.64	3 886.32	
房产税	1 851.64	2 050.90	
印花税	1 540.00	3 441.44	
其中:证券交易印花税	666.92	2 552.78	
城镇土地使用税	1 992.62	2 142.04	
土地增值税	3 914.68	3 832.18	
车船税	541.06	613.29	
船舶吨税	45.23	46.97	

① 如无特别注明,本书中 2014 年的财政数据为财政决算数,2015 年的财政数据为财政预算执行数,2016 年的财政数据为财政预算数。

② 财政部《关于完善政府预算体系有关问题的通知》(财预〔2014〕368 号)。

③ 国务院《关于印发推进财政资金统筹使用方案的通知》。

科　目	2014 年	2015 年	2016 年
车辆购置税	2 885.11	2 792.56	
关税	2 843.41	2 560.84	
耕地占用税	2 059.05	2 097.21	
契税	4 000.70	3 898.55	
烟叶税	141.05	142.78	
其他税收收入	0.45	0.41	
二、非税收入	21 194.72	27 347.03	
专项收入	3 711.35	6 985.08	
行政事业性收费收入	5 206.00	4 873.02	
罚没收入	1 721.82	1 876.86	
国有资本经营收入(部分金融机构和中央企业上缴利润)	2 029.92	5 389.45	
国有资本经营收入	1 145.54	690.76	
国有资源(资产)有偿使用收入	4 366.77	5 463.89	
其他收入	3 012.45	2 067.97	
全国一般公共预算收入	140 370.03	152 269.23	157 200
全国财政使用结转结余及调入资金	1 000.00	8 236.07	1 715
支出大于收入的差额	13 500.00	16 200.00	21 800

注:全国一般公共预算支出大于收入的差额＝支出总量(全国一般公共预算支出＋补充中央预算稳定调节基金)－收入总量(全国一般公共预算收入＋全国财政使用结转结余及调入资金)。

表 1－2　　　　　　2015 年分地区国税局、地税局税收收入情况　　　　　单位:亿元,%

	税收收入	增长率	国税局税收收入	增长率	地税局税收收入	增长率
全国	136 021.48	5.0	81 171.78	3.8	54 849.69	6.9
北京市	12 277.92	6.4	8 655.23	4.0	3 622.69	12.9
天津市	3 956.95	−7.9	2 644.04	−13.7	1 312.92	6.7
河北省	3 758.57	0.2	2 078.05	− 2.7	1 680.52	4.1
山西省	1 864.16	−11.4	972.07	−13.4	892.09	−9.2
内蒙古自治区	2 166.23	4.2	942.57	0.5	1 223.66	7.4
辽宁省	2 590.90	−19.1	1 608.55	−5.1	982.35	−34.8
大连市	1 404.62	−10.3	984.22	−0.9	420.41	−26.7
吉林省	1 875.51	−4.7	1 134.30	−7.8	741.22	0.5

续表

	税收收入	增长率	国税局税收收入	增长率	地税局税收收入	增长率
黑龙江省	1 884.98	−14.6	1 065.16	−19.8	819.82	−6.9
上海市	13 989.51	15.8	9 998.69	14.6	3 990.82	18.9
江苏省	13 031.31	8.0	7 279.25	5.5	5 752.06	11.3
浙江省	6 478.80	5.2	3 581.69	2.5	2 897.11	8.8
宁波市	2 413.74	−0.2	1 702.02	−2.8	711.72	6.7
安徽省	3 295.23	6.7	1 706.06	7.6	1 589.16	5.7
福建省	2 978.3	0.7	1 683.37	0.3	1 294.93	1.3
厦门市	1 083.27	5.3	643.34	3.7	439.93	7.8
江西省	2 485.19	8.9	1 127.93	7.7	1 357.25	10.0
山东省	6 399.29	0.1	3 427.90	−5.8	2 971.39	7.8
青岛市	1 874.43	−3.3	1 200.09	−10.4	674.34	12.6
河南省	3 935.29	8.1	2 052.69	8.7	1 882.60	7.5
湖北省	4 033.52	11.0	2 174.46	10.1	1 859.06	12.1
湖南省	3 167.85	7.1	1 802.03	6.4	1 365.82	8.1
广东省	11 780.48	5.7	7 441.10	4.0	4 339.38	8.8
深圳市	6 423.43	36.5	4 147.25	38.5	2 276.18	32.9
广西壮族自治区	2 069.76	4.6	1 134.31	4.4	935.46	4.8
海南省	898.04	6.1	428.78	7.4	469.26	5.0
重庆市	2 481.48	11.2	1 188.18	10.2	1 293.30	12.1
四川省	4 146.66	2.2	1 989.46	4.1	2 157.19	0.5
贵州省	1 916.02	6.8	845.13	3.9	1 070.89	9.1
云南省	2 734.88	−2.1	1 675.04	−2.0	1 059.84	−2.2
西藏自治区	192.28	12.6	192.28	12.6		
陕西省	2 625.27	−2.2	1 543.91	−2.5	1 081.36	−1.7
甘肃省	1 171.32	12.1	687.92	13.7	483.39	9.9
青海省	342.61	−3.6	148.10	−16.5	194.51	9.2
宁夏回族自治区	498.25	4.5	287.62	4.5	210.63	4.5
新疆维吾尔自治区	1 795.44	−5.4	999.00	−8.8	796.44	−0.7

表 1—3   **全国一般公共预算支出**   单位:亿元

科　目	2014 年	2015 年	2016 年
一、一般公共服务支出	13 267.50	13 547.79	
二、外交支出	361.54	480.32	
三、国防支出	8 289.54	9 087.84	
四、公共安全支出	8 357.23	9 379.96	
五、教育支出	23 041.71	26 271.88	
六、科学技术支出	5 314.45	5 862.57	
七、文化体育与传媒支出	2 691.48	3 076.64	
八、社会保障和就业支出	15 968.85	19 018.69	
九、医疗卫生与计划生育支出	10 176.81	11 953.18	
十、节能环保支出	3 815.64	4 802.89	
十一、城乡社区支出	12 959.49	15 886.36	
十二、农林水支出	14 173.83	17 380.49	
十三、交通运输支出	10 400.42	12 356.27	
十四、资源勘探信息等支出	4 997.04	6 005.88	
十五、商业服务业等支出	1 343.98	1 747.31	
十六、金融支出	502.24	959.68	
十七、援助其他地区支出	216.50	261.41	
十八、国土海洋气象等支出	2 083.03	2 114.70	
十九、住房保障支出	5 043.72	5 797.02	
二十、粮油物资储备支出	1 939.33	2 613.09	
二十一、其他支出	3 586.70	3 670.55	
二十二、债务付息支出	3 254.53	3 548.59	
二十三、债务发行费用支出		54.66	
全国一般公共预算支出	151 785.56	175 877.77	180 715
剔除地方使用结转结余及调入资金后支出		168 641.70	
补充中央预算稳定调节基金	832.34	827.53	
地方政府债券还本支出	993.00		
地方财政补充预算稳定调节基金及结转下年支出	1 259.13		

1.2 全国政府性基金预算收支

　　按照《政府性基金管理暂行办法》(财综〔2010〕80 号)等规定,政府性基金预算编制遵循"以收定支、专款专用、收支平衡、结余结转下年安排使用"的原则。政府性基金预算支出根据政府性基金预算收入情况安排,自求平衡,不编制赤字预算。各项政府性基金按照规定用途安排,不得挪作他用。

　　2016 年全国政府性基金预算收支情况详见表 1—4 和表 1—5。

表 1—4　　　　　　　　　　　全国政府性基金预算收入　　　　　　　　　　单位:亿元

科　目	2014 年	2015 年	2016 年
农网还贷资金收入	158.20	158.90	
山西省煤炭可持续发展基金收入	233.30		
铁路建设基金收入	547.00	440.77	
民航发展基金收入	278.80	310.63	
海南省高等级公路车辆通行附加费收入	17.33	19.30	
转让政府还贷道路收费权收入	32.89		
港口建设费收入	193.83	193.91	
散装水泥专项资金收入	17.59	17.64	
新型墙体材料专项基金收入	93.57	89.17	
旅游发展基金收入	9.27	10.57	
文化事业费收入	114.74		
地方教育附加收入	1 137.97		
国家电影事业发展专项资金收入	14.43	18.78	
新菜地开发建设基金收入	5.24	5.87	
新增建设用地土地有偿使用费收入	805.73	810.62	
育林基金收入	34.57		
森林植被恢复费收入	99.82		
水利建设基金收入	445.24		
南水北调工程基金收入	11.55	9.00	
残疾人就业保障金收入	284.27		
政府住房基金收入	419.92	608.06	
城市公用事业附加收入	273.40	295.52	

续表

科 目	2014 年	2015 年	2016 年
国有土地使用权出让金收入	40 479.69	30 783.80	
国有土地收益基金收入	1 413.89	1 024.97	
农业土地开发资金收入	250.30	177.30	
大中型水库移民后期扶持基金收入	248.77	251.81	
大中型水库库区基金收入	45.32	46.55	
三峡水库库区基金收入	7.77	6.97	
中央特别国债经营基金财务收入	548.77	654.76	
彩票公益金收入	1 042.41	1 003.39	
城市基础设施配套费收入	1 367.10	1 252.59	
小型水库移民扶助基金收入	14.39	15.32	
国家重大水利工程建设基金收入	325.27	363.82	
车辆通行费收入	1 476.14	1 526.34	
船舶港务费收入	53.99		
长江口航道维护收入	5.58		
核电站乏燃料处理处置基金收入	14.45	10.81	
可再生能源电价附加收入	491.38	514.87	
船舶油污损害赔偿基金收入	1.12	1.23	
电力改革预留资产变现收入			
无线电频率占用费收入	41.56	43.46	
废弃电器电子产品处理基金收入	28.78	27.15	
烟草企业上缴专项收入	367.50	355.00	
水土保持补偿费收入	1.63	33.72	
彩票发行和销售机构业务费收入		310.04	
污水处理费收入		255.68	
其他政府性基金收入	663.34	689.82	
全国政府性基金收入	54 113.65	42 338.14	37 173.74
地方政府专项债务收入		1 000.00	4 000
上年结转收入	907.13	656.13	248.17
全国政府性基金相关收入总量			41 421.91

注:2016年,水土保持补偿费等5个项目收支由政府性基金预算转列一般公共预算后,2016年中央和地方政府性基金预算收支规模减少。

表 1－5   全国政府性基金预算支出   单位:亿元

科　目	2014 年	2015 年	2016 年
农网还贷资金支出	145.17	171.60	
山西省煤炭可持续发展基金支出	144.56		
铁路建设基金支出	547.00	440.77	
民航发展基金支出	299.55	335.44	
海南省高等级公路车辆通行附加费相关支出	18.27	18.85	
转让政府还贷道路收费权收入安排的支出	30.14		
港口建设费相关支出	185.32	188.86	
散装水泥专项资金相关支出	9.35	8.97	
新型墙体材料专项基金相关支出	54.56	51.45	
旅游发展基金支出	7.84	9.73	
文化事业建设费安排的支出	89.99		
地方教育附加安排的支出	838.92		
国家电影事业发展专项资金相关支出	15.96	17.76	
新菜地开发建设基金相关支出	7.55	8.71	
新增建设用地土地有偿使用费相关支出	993.57	1 094.06	
育林基金支出	31.76		
森林植被恢复费安排的支出	78.45		
水利建设基金支出	611.26		
南水北调工程基金相关支出	10.02	19.36	
残疾人就业保障金支出	212.00		
政府住房基金相关支出	324.43	377.94	
城市公用事业附加相关支出	246.58	316.46	
国有土地使用权出让收入相关支出	38 700.72	30 612.75	
国有土地收益基金相关支出	1 345.68	1 036.88	
农业土地开发资金相关支出	196.36	155.88	
水利建设基金支出		403.63	
大中型水库移民后期扶持基金支出	224.42		
大中型水库库区基金相关支出	40.75	49.67	
三峡水库库区基金支出	5.77	11.02	
中央特别国债经营基金财务支出	682.87	682.87	

科　目	2014 年	2015 年	2016 年
彩票公益金相关支出	890.27	1 095.44	
城市基础设施配套费相关支出	1 236.96	1 153.64	
小型水库移民扶助基金相关支出	10.86	16.77	
国家重大水利工程建设基金相关支出	298.00	403.33	
车辆通行费相关支出	1 488.07	1 538.74	
船舶港务费安排的支出	51.44		
长江口航道维护支出	4.71		
核电站乏燃料处理处置基金支出	1.59	4.32	
可再生能源电价附加收入安排的支出	448.43	579.60	
船舶油污损害赔偿基金支出			
电力改革预留资产变现收入安排的支出			
无线电频率占用费安排的支出	29.37	29.70	
废弃电器电子产品处理基金支出	33.92	53.97	
烟草企业上缴专项收入安排的支出	367.50	355.00	
水土保持补偿费安排的支出	0.13	8.45	
彩票发行和销售机构业务费安排的支出		128.85	
污水处理费相关支出		176.78	
其他政府性基金相关支出	503.76	789.86	
地方政府专项债务收入安排的支出			
全国政府性基金支出	51 463.83	42 347.11	41 421.91
结转下年支出	3 556.95	1 647.16	

1.3　全国国有资本经营预算收支

2003 年,中共十六届三中全会通过的《中共中央关于完善社会主义市场经济体制若干问题的决定》明确提出建立国有资本经营预算制度;2007 年,中共十七大强调加快建设国有资本经营预算制度。按照中央部署,2007 年,国务院发布了《国务院关于试行国有资本经营预算的意见》。经过 3 年试运行,2010 年国务院决定,从 2011 年起将 5 个中央部门(单位)和两个企业集团所属共 1 631 户企业纳入中央国有资本经营预算实施范围。

2010 年 5 月,财政部下发《关于推动地方开展试编国有资本经营预算工作的意见》后,绝大多数地方出台了实施国有资本经营预算的意见或办法,多数省(自治区、直辖市)开始编制国有资本经营预算,部分省(自治区)延伸到地市级。

1.3.1 国有资本收益上缴比例的确定

经过连续多年的调整,国有资本收益上缴公共财政的比例呈逐年提高态势。2007 年设立之初,上缴比例分为 10％、5％、暂缓 3 年收取和免交四档;2016 年,按照财政部、国资委《关于印发〈中央企业国有资本收益收取管理暂行办法〉的通知》(财企〔2007〕309 号)和财政部《关于进一步提高中央企业国有资本收益收取比例的通知》(财企〔2014〕59 号)等规定,纳入中央国有资本经营预算实施范围的中央企业税后利润(净利润扣除年初未弥补亏损和法定公积金)的收取比例分为五类执行:

第一类为烟草企业,收取比例 25％。

第二类为石油石化、电力、电信、煤炭等资源型企业,收取比例 20％。

第三类为钢铁、运输、电子、贸易、施工等一般竞争型企业,收取比例 15％。

第四类为军工企业、转制科研院所、中国邮政集团公司、2011 年和 2012 年纳入中央国有资本经营预算实施范围的企业,收取比例 10％。

第五类为政策性企业,包括中国储备粮总公司、中国储备棉总公司,免交当年应交利润。符合小型微型企业规定标准的国有独资企业,应交利润不足 10 万元的,比照第五类政策性企业,免交当年应交利润。

《中共中央关于全面深化改革若干重大问题的决定》提出,完善国有资本经营预算制度,提高国有资本收益上缴公共财政比例,2020 年提到 30％,更多用于保障和改善民生。

1.3.2 纳入预算的国有企业

对于国有资本经营预算管理和国有资产收益收缴的范围,《中华人民共和国企业国有资产法》和国务院 26 号文明确规定为政府出资的一级企业。因此,并非所有的国有企业都属于国有资产收益收缴和国有资本经营预算管理的范围。对于二级以下的企业,其国有资产收益主要通过股权关系,归并到一级企业"归属于母公司的净利润",由一级企业汇总上缴。表 1—6 列示了 2015—2016 年纳入预算的中央企业数量。

表 1—6   **纳入国有资本经营预算的中央企业数量**

纳入预算的中央企业所属的部委	2015 年	2016 年
国务院国有资产监督管理委员会(监管企业)	112	106
国务院国有资产监督管理委员会(所属企业)	37	36
最高人民检察院		2
教育部	410	371
工业和信息化部	75	72
民政部		5
司法部		1
财政部		1

纳入预算的中央企业所属的部委	2015 年	2016 年
环境保护部		4
水利部		8
农业部	2	5
文化部		10
国家卫生和计划生育委员会	3	7
国家新闻出版广电总局	1	1
国家体育总局	48	49
国家林业局		1
国家旅游局		2
国家机关事务管理局		1
国家海洋局		2
民用航空局	1	9
国家文物局		2
国家食品药品监督管理局		1
国家中医药管理局		1
中共中央直属机关事务管理局		2
共青团中央		3
中国文学艺术界联合会		5
中国国际贸易促进委员会	29	27
中央文化企业国有资产监督管理领导小组办公室(中央文化企业)	112	108
中国烟草总公司	1	1
中国邮政集团公司	1	1
中国铁路总公司		1
企业总户数	832	845

《中央国有资本经营预算管理暂行办法》对国有资本经营预算支出作出规定,要求中央国有资本经营预算支出应当服务于国家战略目标,除调入一般公共预算和补充全国社会保障基金外,主要用于三个方面的支出:一是解决国有企业历史遗留问题及相关改革成本支出;二是用于关系国家安全、国民经济命脉的重要行业和关键领域国家资本注入,例如重点提供公共服务、发展重要前瞻性战略性产业等;三是国有企业政策性补贴。该办法还要求,中央国有资本经营预算支出方向和重点,应当根据国家宏观经济政策需要以及不同时期国有企业改革发展任务适时进行调整。

此外,国有资本经营预算与其他几本预算存在交叉重复①。在收入方面,中央国有非金融类企业一般纳入国有资本经营预算,中央国有金融类企业则纳入一般公共预算和政府性基金预算。2014 年,中央财政预算中来自于国有企业上缴利润形成的收入约 4357 亿元,而纳入国有资本经营预算收入仅占 32.4%。有的国有企业,如国家烟草总公司,其收益分别纳入国有资本经营预算、一般公共预算和政府性基金预算。在支出方面,一般公共预算和国有资本经营预算也存在重复交叉。如在 2014 年中央政府决算中,厂办大集体改革支出在一般公共预算中安排 1.99 亿元,在国有资本经营预算中安排 11.05 亿元;外经贸发展专项支出在一般公共预算中安排 6.89 亿元,在国有资本经营预算中安排 41.51 亿元。

一般公共预算收入是当年的收入,而国有资本经营预算的收入则取决于上一年国有企业利润情况。由于 2015 年我国国有企业业绩显著下滑,2016 年国有资本经营预算收入是个大难题,回落的幅度会比较大。

此外,近年来,部分地区扩大了国有资本经营预算的实施范围,地方国有资本经营预算收入增长较快。

2014 年以来全国国有资本经营预算收支情况可参见表 1—7 和表 1—8。

表 1—7 全国国有资本经营预算收入 单位:亿元

项 目	2014 年	2015 年	2016 年
一、利润收入	1 700.15	2 033.89	
金融企业利润收入	3.08		
烟草企业利润收入	412.35	477.25	
石油石化企业利润收入	396.49	336.31	
电力企业利润收入	150.92	196.75	
电信企业利润收入	119.02	138.51	
煤炭企业利润收入	74.41	51.56	
有色冶金采掘企业利润收入	3.56	4.39	
钢铁企业利润收入	9.17	17.15	
化工企业利润收入	3.04	3.66	
运输企业利润收入	16.30	30.92	
电子企业利润收入	5.33	6.81	
机械企业利润收入	81.13	107.79	
投资服务企业利润收入	71.73	112.77	
纺织轻工企业利润收入	15.00	9.32	

① 全国人民代表大会常务委员会专题调研组:《关于完善国有资本经营预算情况的调研报告》,2015 年 12 月。

续表

项　目	2014 年	2015 年	2016 年
贸易企业利润收入	43.35	38.88	
建筑施工企业利润收入	65.59	75.49	
房地产企业利润收入	14.91	17.91	
建材企业利润收入	7.09	6.97	
境外企业利润收入	41.56	48.31	
对外合作企业利润收入	1.21	1.39	
医药企业利润收入	5.26	7.29	
农林牧渔企业利润收入	2.87	4.87	
邮政企业利润收入	4.00	13.75	
转制科研院所利润收入	1.48	5.17	
地质勘查企业利润收入		1.15	
卫生体育福利企业利润收入	10.14		
教育文化广播企业利润收入	0.04	18.02	
科学研究企业利润收入	4.35	0.06	
机关社团所属企业利润收入	136.77	7.47	
其他国有资本经营预算企业利润收入	117.02	293.97	
二、股利、股息收入	89.23	269.17	
国有控股公司股利、股息收入	14.68	105.24	
国有参股公司股利、股息收入	13.11	41.21	
其他国有资本经营预算企业股利、股息收入	94.86	122.72	
三、产权转让收入	12.60	136.90	
其他国有股减持收入	20.17	27.32	
国有股权、股份转让收入	3.95	68.09	
国有独资企业产权转让收入	9.93	10.70	
其他国有资本经营预算企业产权转让收入	48.21	30.79	
四、清算收入	3.23	3.03	
国有股权、股份清算收入	0.01	0.06	
国有独资企业清算收入	3.07	1.16	
其他国有资本经营预算企业清算收入	0.15	1.81	
五、其他国有资本经营预算收入	92.33	107.99	

续表

项　目	2014 年	2015 年	2016 年
全国国有资本经营收入	2 007.59	2 550.98	2 294.7
上年结转收入	231.30	143.98	397.23

表 1－8　　　　　　　　　　　全国国有资本经营预算支出　　　　　　　　　单位:亿元

科　目	2014 年	2015 年	2016 年
一、教育支出	3.54	2.01	
其中:国有经济结构调整支出		0.18	
公益性设施投资补助支出		0.51	
支持科技进步支出		0.14	
改革成本支出		0.03	
其他国有资本经营预算支出		1.15	
二、科学技术支出	21.11	35.76	
其中:国有经济结构调整支出		0.45	
公益性设施投资补助支出			
战略性产业发展支出		2.48	
生态环境保护支出		0.07	
支持科技进步支出		31.53	
改革成本支出		0.01	
其他国有资本经营预算支出		1.22	
三、文化体育与传媒支出	27.97	31.79	
其中:国有经济结构调整支出		22.71	
公益性设施投资补助支出		4.52	
战略性产业发展支出		1.54	
支持科技进步支出		0.47	
改革成本支出		0.26	
其他国有资本经营预算支出		2.29	
四、社会保障和就业支出	21.58	26.21	
其中:国有资本经营预算补充社保基金支出		26.21	
五、节能环保支出	11.76	16.67	
其中:国有经济结构调整支出			
公益性设施投资补助支出		0.12	

科 目	2014 年	2015 年	2016 年
战略性产业发展支出			
生态环境保护支出		5.26	
支持科技进步支出		0.12	
改革成本支出		4.03	
其他国有资本经营预算支出		7.14	
六、城乡社区支出	42.89	70.36	
其中:国有经济结构调整支出		5.61	
公益性设施投资补助支出		30.76	
战略性产业发展支出		0.03	
生态环境保护支出		0.16	
支持科技进步支出		0.04	
改革成本支出		0.98	
其他国有资本经营预算支出		32.78	
七、农林水支出	23.61	9.41	
其中:国有经济结构调整支出		3.44	
公益性设施投资补助支出		1.09	
战略性产业发展支出		0.37	
生态环境保护支出		1.18	
支持科技进步支出		0.06	
保障国家经济安全支出		0.01	
对外投资合作支出		0.25	
改革成本支出		0.83	
其他国有资本经营预算支出		2.18	
八、交通运输支出	331.23	217.51	
其中:国有经济结构调整支出		13.37	
公益性设施投资补助支出		140.32	
战略性产业发展支出		3.13	
生态环境保护支出		0.10	
支持科技进步支出		0.23	
对外投资合作支出			

科　目	2014 年	2015 年	2016 年
改革成本支出		8.95	
其他国有资本经营预算支出		51.41	
九、资源勘探信息等支出	902.84	898.90	
其中:国有经济结构调整支出		327.74	
公益性设施投资补助支出		69.80	
战略性产业发展支出		93.59	
生态环境保护支出		1.83	
支持科技进步支出		29.79	
保障国家经济安全支出		35.00	
对外投资合作支出		4.86	
改革成本支出		279.34	
其他国有资本经营预算支出		56.95	
十、商业服务业等支出	299.65	281.10	
其中:国有经济结构调整支出		106.57	
公益性设施投资补助支出		9.73	
战略性产业发展支出		9.29	
生态环境保护支出		0.12	
支持科技进步支出		2.44	
保障国家经济安全支出		57.17	
对外投资合作支出		0.98	
改革成本支出		65.76	
其他国有资本经营预算支出		29.04	
十一、其他支出	104.72	247.05	
其中:国有经济结构调整支出	9.23	24.03	
公益性设施投资补助支出	12.29	0.95	
战略性产业发展支出	11.30	12.38	
生态环境保护支出	1.90	0.08	
支持科技进步支出	70.00	0.18	
保障国家经济安全支出		0.02	
对外投资合作支出		0.02	

续表

科　目	2014 年	2015 年	2016 年
改革成本支出		106.80	
其他国有资本经营预算支出		102.59	
十二、转移性支出	222.81	230.00	
其中:国有资本经营预算调出资金		230.00	
全国国有资本经营支出	2 013.71	2 066.77	2 259.05
结转下年支出	225.18	628.19	

1.4　全国社会保险基金预算收支

　　2010 年,《国务院关于试行社会保险基金预算的意见》(国发〔2010〕2 号)颁布实施,社会保险基金预算开始在全国范围内试编。2013 年,全国社会保险基金预算正式报送全国人大。目前,全国社会保险基金预算按险种分别编制,包含七大社会保险基金的预算:一是企业职工基本养老保险基金,二是城镇职工基本医疗保险基金,三是失业保险基金,四是工伤保险基金,五是生育保险基金,六是居民社会养老保险基金(包括城镇居民社会保险基金、新型农村社会保险基金)[1],七是居民基本医疗保险基金(包括城镇居民基本医疗保险基金、新型农村合作医疗基金)[2]。2013—2016 年全国七大社会保险基金预算收支参见表1—9。

表 1—9　　　　　　　　　全国七大社会保险基金预算收支　　　　　　　　　单位:亿元

科　目	2013 年	2014 年	2015 年	2016 年
收入	35 994	39 186.46	44 660.34	47 144.19
保险费收入		29 104.09	32 518.48	34 376.59
财政补贴收入		8 446.36	10 198.15	10 848.04
利息收入		1 636.01	1 943.71	1 919.56
支出	28 744	33 669.13	39 356.68	43 546.53
当年收支结余	7 250	5 517.33	5 303.66	3 597.66
年末滚存结余	44 884	50 408.76	57 002.33	60 600

---

　　① 2014 年 2 月 26 日,国务院下发《关于建立统一的城乡居民基本养老保险制度的意见》,决定合并新型农村社会养老保险和城镇居民社会养老保险,建立全国统一的城乡居民基本养老保险制度。

　　② 2016 年 1 月 3 日,国务院下发《关于整合城乡居民基本医疗保险制度的意见》,明确提出全面整合城镇居民基本医保和新型农村合作医疗两项制度,建立统一的城乡居民医保制度。此前,天津、重庆、广东、浙江、上海等省市已经宣布实施城乡居民医保并轨。

分项情况如下(见表 1－10 至表 1－16)：

表 1－10　　　　　　　　　　企业职工基本养老保险基金　　　　　　　　　单位:亿元

科　目	2014 年	2015 年
一、收入	23 273.42	24 308.84
其中：基本养老保险费收入	18 726.16	19 556.67
财政补贴收入	3 269.147	3 671.2
利息收入	803.7456	
二、支出	19 797.43	22 581.54
其中:基本养老金支出	19 045.15	
三、本年收支结余	3 475.991	1 727.3
四、年末滚存结余	30 376.47	31 281.83

表 1－11　　　　　　　　　　城镇职工基本医疗保险基金　　　　　　　　　单位:亿元

项　目	2014 年	2015 年
一、收入	78 542 796	8 293.21
其中:基本医疗保险费收入	74 639 240	7 933.7
财政补贴收入	695 154.6	66.4
利息收入	2 271 332	
二、支出	65 317 014	7 344.98
其中:基本医疗保险待遇支出	64 222 029	
三、本年收支结余	13 225 782	948.23
四、年末滚存结余	91 827 278	9 898.86

表 1－12　　　　　　　　　　　　失业保险基金　　　　　　　　　　　　单位:亿元

项　目	2014 年	2015 年
一、收入	13 802 627	1 401.97
其中:失业保险费收入	12 853 429	1 301.12
财政补贴收入	1 225	0.21
利息收入	863 983	
二、支出	6 147 971	745.25
其中:失业保险金支出	2 333 374	
三、本年收支结余	7 654 656	656.72
四、年末滚存结余	44 525 542	4 998.84

表 1-13 　　　　　　　　　　　　**工伤保险基金**　　　　　　　　　　　　单位:亿元

项　目	2014 年	2015 年
一、收入	6 713 377	710.35
其中:工伤保险费收入	6 231 579	667.75
财政补贴收入	175 507	13.65
利息收入	251 006.3	
二、支出	5 375 559	594.2
其中:工伤保险待遇支出	5 268 090	
三、本年收支结余	1 337 818	116.15
四、年末滚存结余	11 072 077	1 205.03

表 1-14 　　　　　　　　　　　　**生育保险基金**　　　　　　　　　　　　单位:亿元

项　目	2014 年	2015 年
一、收入	4 389 906	457.37
其中:生育保险费收入	4 152 214	433.01
财政补贴收入	48 366	7.24
利息收入	108 460	
二、支出	3 630 657	405.77
其中:生育保险待遇支出	3 551 449	
三、本年收支结余	759 249	51.6
四、年末滚存结余	5 765 174	630.23

表 1-15 　　　　　　　　　　　**居民社会养老保险基金**　　　　　　　　　　单位:亿元

项　目	2014 年	2015 年
一、收入	2 343 1731.45	2 751.58
其中:社会养老保险费收入	6 819 601.05	680.96
财政补贴收入	15 239 659.37	1 949.18
利息收入	869 550.65	
二、支出	15 930 412.71	1 973.83
其中:基本养老金支出	15 372 953.14	
三、本年收支结余	7 501 317.74	777.75
四、年末滚存结余	38 539 207	4 623.96

表 1－16　　　　　　　　　居民基本医疗保险基金　　　　　　　　　单位:亿元

项　目	2014 年	2015 年
一、收入	44 773 489	5 164.75
其中:保险费收入	8 431 917	1 060.18
财政补贴收入	35 615 872	4 033.87
利息收入	551 371	
二、支出	42 429 811	4 818.4
其中:基本医疗保险待遇支出	40 754 631	
三、本年收支结余	2 343 678	346.35
四、年末滚存结余	20 857 921	2 394.11

1.5　全国财政赤字与债务余额

近两年全国财政赤字与债务余额数据参见表 1－17。

表 1－17　　　　　　　　　全国财政赤字与债务余额　　　　　　　　　单位:亿元

科　目	预算数	执行数
一、2014 年末全国政府债务		189 927.85
国债余额实际数		95 655.45
地方政府一般债务余额实际数		94 272.40
二、2015 年末全国政府债务限额	211 180.75	
国债余额限额	111 908.35	
地方政府一般债务余额限额	99 272.40	
三、2015 年全国政府债券发行额		49 891.96
国债发行额		21 285.06
地方政府一般债务发行额		28 606.90
四、2015 年全国政府债务还本额		33 954.48
国债还本额		10 347.58
地方政府一般债务还本额		23 606.90
五、2015 年末全国政府债务		205 871.99
国债余额实际数		106 599.59
地方政府一般债务余额预计执行数		99 272.40

科　目	预算数	执行数
六、2016 年全国财政赤字	21 800.00	
地方财政赤字	7 800.00	
中央财政赤字	14 000.00	
七、2016 年末全国政府债务限额	232 980.75	
国债余额限额	125 908.35	
地方政府一般债务余额限额	107 072.40	

　　我国地方政府除了一般政府债务以外,还存在"地方政府专项债务",详见本书第 3 章第 3.5 节。

2 中央财政概览

中央财政包括一般公共预算、政府性基金预算、国有资本经营预算三本账。由于我国的社会保险基金统筹层次较低,统筹层次最高的城镇企业职工基本养老保险基金也仅做到了形式的省级统筹,因此,中央财政没有社会保险基金预算。

2.1 中央一般公共预算收支

2014—2016 年中央一般公共预算收支情况见表 2—1 和表 2—2。

表 2—1 中央一般公共预算收入 单位:亿元

科　目	2014 年	2015 年	2016 年
一、税收收入	60 035.40	62 260.27	64120.00
国内增值税	21 103.03	20 996.95	20 440.00
国内消费税	8 907.12	10 542.16	12 020.00
进口货物增值税、消费税	14 425.30	12 533.35	12 970.00
出口货物退增值税、消费税	−11 356.46	−12 867.19	−13 000.00
营业税	68.94	150.73	40.00
企业所得税	15 813.55	17 640.08	18 850.00
个人所得税	4 426.03	5 170.52	5 680.00
资源税	44.44	37.87	50.00
城市维护建设税	182.82	179.28	182.00
印花税	646.88	2 476.15	1 650.00
其中:证券交易印花税	646.88	2 476.15	1 650.00
船舶吨税	45.23	46.97	48.00

科　　目	2014 年	2015 年	2016 年
车辆购置税	2 885.11	2 792.56	2 560.00
关税	2 843.41	2 560.84	2 630.00
二、非税收入	4 458.05	7 006.92	6 450.00
专项收入	406.59	574.72	860.00
行政事业性收费收入	365.63	460.94	490.00
罚没收入	88.93	113.96	115.00
国有资本经营收入(部分金融机构和中央企业上缴利润)	2 029.99	5 389.45	4 665.00
国有资源(资产)有偿使用收入	179.12	243.15	260.00
其他收入	1 387.79	224.70	60.00
中央一般公共预算收入	64 493.45	69 267.19	70 570.00
中央财政调入资金	1 000.00	1 000.00	1 315.00
从中央预算稳定调节基金调入	1 000.00	1 000.00	1 000.00
从政府性基金预算调入			69.00
从国有资本经营预算调入			246.00
支出大于收入的差额	9 500.00	11 200.00	14 000.00

注：中央一般公共预算支出大于收入的差额＝支出总量(中央一般公共预算支出＋补充中央预算稳定调节基金)－收入总量(中央一般公共预算收入＋中央财政调入资金)。

表 2—2 　　　　　　　　　　　　中央一般公共预算支出 　　　　　　　　　　　　单位：亿元

科　　目	2014 年	2015 年	2016 年
一、中央本级支出	22 570.07	25 542.15	27 355.00
一般公共服务支出	1 050.43	1 055.30	1 201.38
外交支出	360.09	476.78	519.71
国防支出	8 055.14	8 868.51	9 543.54
公共安全支出	1 477.76	1 584.17	1 668.15
教育支出	1 253.62	1 358.17	1 408.72
科学技术支出	2 436.66	2 478.39	2 706.43
文化体育与传媒支出	223	271.99	258.60
社会保障和就业支出	699.91	723.07	886.82
医疗卫生与计划生育支出	90.25	84.51	124.29
节能环保支出	344.74	400.41	310.61

续表

科 目	2014 年	2015 年	2016 年
城乡社区支出	17.18	10.83	6.48
农林水支出	539.67	738.78	724.10
交通运输支出	731.16	853.00	663.44
资源勘探信息等支出	362.31	342.32	255.20
商业服务业等支出	24.2	22.55	27.03
金融支出	243.54	463.46	781.56
国土海洋气象等支出	360.47	347.94	293.08
住房保障支出	405.41	401.18	431.97
粮油物资储备支出	1 160.94	1 836.08	1 363.04
其他支出	129.99	329.17	846.21
债务付息支出	2 603.6	2 866.91	3 299.29
债务发行费用支出		28.63	35.35
二、中央对地方税收返还和转移支付	51 591.04	55 097.51	58 030.00
中央对地方转移支付		50 078.65	52 941.43
一般性转移支付	18 379.88	28 455.02	32 017.82
专项转移支付		21 623.63	20 923.61
中央对地方税收返还	5 081.55	5 018.86	5 088.57
三、中央预备费			500.00
中央一般公共预算支出	74 161.11	80 639.66	
补充中央预算稳定调节基金	832.34	827.53	85 885.00

注:①按照《预算法》规定,中央一般公共预算年度执行中超收收入 37.19 亿元和支出结余 790.34 亿元共计 827.53 亿元,用于补充中央预算稳定调节基金。

②如加上使用以前年度结转资金 1 370.46 亿元,2015 年中央一般公共预算支出为 82 010.12 亿元。具体情况见中央本级支出决算表和中央对地方税收返还和转移支付决算表。

2.2　中央政府性基金预算收支

2015－2016 年中央政府性基金预算收入见表 2－3。

表 2-3 　　　　　　　　　　　中央政府性基金预算收入　　　　　　　　　　　单位:亿元

项　目	2015 年执行数	2016 年预算数	2015 年结转收入	2016 年可安排资金数
一、中央农网还贷资金收入	122.22	119.00	5.73	124.73
二、铁路建设基金收入	440.77	459.79		459.79
三、民航发展基金收入	307.58	339.57	35.32	374.89
四、港口建设费收入	154.54	150.00	12.06	162.06
五、旅游发展基金收入	10.51	11.88	2.45	14.33
六、国家电影事业发展专项资金收入	18.25	10.00	3.29	13.29
七、新增建设用地土地有偿使用费收入	250.94	230.00	75.28	305.28
八、南水北调工程基金收入	0.08	9.22	-0.73	8.49
九、中央水库移民扶持基金收入	270.85	275.92	-10.32	265.60
十、中央特别国债经营基金财务收入	654.76	670.77	12.10	682.87
十一、彩票公益金收入	490.56	526.00	-10.18	515.82
十二、国家重大水利工程建设基金收入	302.05	312.71	-8.51	304.20
十三、核电站乏燃料处理处置基金收入	10.81	15.51	3.24	18.75
十四、可再生能源电价附加收入	514.87	652.33	37.66	689.99
十五、船舶油污损害赔偿基金收入	1.23	1.25	0.37	1.62
十六、废弃电器电子产品处理基金收入	27.15	50.00	-2.84	47.16
十七、烟草企业上缴专项收入	355.00	376.00		376.00
十八、彩票发行和销售机构业务费收入	135.40	61.70	93.25	154.95
中央政府性基金收入	4 067.57	4 271.65	248.17	4 519.82

2015-2016 年中央政府性基金预算支出见表 2-4。

表 2-4 　　　　　　　　　　　中央政府性基金预算支出　　　　　　　　　　　单位:亿元

科　目	2015 年	2016 年
一、中央农网还贷资金支出	129.02	124.73
中央本级支出	129.02	124.73
二、铁路建设基金支出	440.77	459.79
中央本级支出	440.77	459.79
三、民航发展基金支出	340.86	374.89
中央本级支出	189.09	190.55
对地方转移支付	151.77	184.34

续表

科　目	2015 年	2016 年
四、港口建设费相关支出	160.38	162.06
中央本级支出	59.10	73.40
对地方转移支付	101.28	88.66
五、旅游发展基金支出	10.28	14.33
中央本级支出	2.35	4.20
对地方转移支付	7.93	10.13
六、国家电影事业发展专项资金相关支出	19.25	13.29
中央本级支出	2.43	1.63
对地方转移支付	16.82	11.66
七、新增建设用地土地有偿使用费相关支出	251.25	305.28
中央本级支出	8.79	0.76
对地方转移支付	242.46	304.52
八、南水北调工程基金相关支出	10.09	8.49
中央本级支出	10.09	8.49
九、中央水库移民扶持基金支出	365.02	265.60
中央本级支出	1.08	1.11
对地方转移支付	363.94	264.49
十、中央特别国债经营基金财务支出	682.87	682.87
中央本级支出	682.87	682.87
十一、彩票公益金相关支出	572.19	515.82
中央本级支出	361.97	425.98
对地方转移支付	210.22	89.84
十二、国家重大水利工程建设基金相关支出	327.90	304.20
中央本级支出	221.51	222.44
对地方转移支付	106.39	81.76
十三、核电站乏燃料处理处置基金支出	4.32	18.75
中央本级支出	4.32	18.75
十四、可再生能源电价附加收入安排的支出	519.15	689.99
中央本级支出	462.77	619.06
对地方转移支付	56.38	70.93

续表

科　目	2015 年	2016 年
十五、船舶油污损害赔偿基金支出		1.62
中央本级支出		1.62
十六、废弃电器电子产品处理基金支出	53.97	47.16
中央本级支出	53.97	47.16
十七、烟草企业上缴专项收入安排的支出	355.00	376.00
中央本级支出	355.00	376.00
十八、彩票发行和销售机构业务费安排的支出	42.15	154.95
中央本级支出	34.16	146.69
对地方转移支付	7.99	8.26
中央政府性基金支出	4 284.47	4 519.82
结转下年支出	248.17	

2.3　中央国有资本经营预算收支

2014 年,中央部门和单位下属企业仍有 4 500 多家未纳入实施范围[①]。中共十八届三中全会通过的《中共中央关于全面深化改革若干重大问题的决定》提出,要"完善国有资本经营预算制度,提高国有资本收益上缴公共财政比例,2020 年提到 30%,更多用于保障和改善民生"。

2016 年,我国进一步健全国有资本经营预算制度。一是将中央国有资本经营预算调入一般公共预算的比例由 2015 年的 16% 提高到 19%;二是将中国铁路总公司等 68 户企业纳入中央国有资本经营预算实施范围;三是优先安排资金用于解决国有企业历史遗留问题、化解过剩产能及人员安置。

2014—2016 年中央国有资本经营预算收入见表 2—5。

表 2—5　　　　　　　　　　中央国有资本经营预算收入　　　　　　　　　　单位:亿元

科　目	2014 年	2015 年	2016 年
一、利润收入	1 378.57	1 475.35	1 290.00
烟草企业利润收入	412.35	477.25	370.00
石油石化企业利润收入	388.88	334.15	179.10
电力企业利润收入	128.24	167.22	186.10

---

①　《国务院关于 2014 年度中央预算执行和其他财政收支的审计工作报告》,2015 年 6 月 28 日。

科　目	2014 年	2015 年	2016 年
电信企业利润收入	119.02	138.51	141.90
煤炭企业利润收入	68.22	48.53	26.00
有色冶金采掘企业利润收入	0.88		
钢铁企业利润收入	7.78	8.38	1.40
运输企业利润收入	6.49	13.46	36.90
电子企业利润收入	2.03	2.58	2.80
机械企业利润收入	51.69	63.05	56.30
投资服务企业利润收入	10.38	12.44	9.80
贸易企业利润收入	28.63	21.02	20.80
建筑施工企业利润收入	54.07	61.92	64.30
建材企业利润收入	3.61	3.97	1.50
境外企业利润收入	41.45	48.15	86.70
对外合作企业利润收入	0.59	0.61	0.80
医药企业利润收入	2.85	3.65	3.90
农林牧渔企业利润收入	0.07	0.85	1.00
邮政企业利润收入		13.75	34.10
转制科研院所利润收入	3.43	4.07	3.20
地质勘查企业利润收入	1.28	0.71	0.60
教育文化广播企业利润收入	3.83	3.79	
机关社团所属企业利润收入	4.11	5.16	5.50
其他国有资本经营预算企业利润收入	38.69	42.13	57.30
二、股利、股息收入	9.81	110.12	
国有控股公司股利、股息收入	9.58	9.54	
国有参股公司股利、股息收入	0.23	0.58	
其他国有资本经营预算企业股利、股息收入		100.00	
三、产权转让收入	22.53	27.32	10.00
其他国有股减持收入	12.60	27.32	10.00
四、其他国有资本经营预算收入	9.93	0.27	100.00
中央国有资本经营收入	1 410.91	1 613.06	1 400.00
上年结转收入	152.19	143.98	397.23

2015-2016 年中央国有资本经营预算支出见表 2-6。

表 2-6　　　　　　　　　　中央国有资本经营预算支出　　　　　　　　　单位:亿元

科　目	2015 年	2016 年
一、国有资本经营预算补充社保基金支出	26.21	12.47
中央本级支出	26.21	12.47
二、解决历史遗留问题及改革成本支出	365.17	942.00
中央本级支出	240.87	582.00
对地方转移支付	124.30	360.00
三、国有企业资本金注入	514.39	408.35
中央本级支出	514.39	408.35
四、国有企业政策性补贴	95.00	74.00
中央本级支出	95.00	74.00
五、其他国有资本经营预算支出	128.90	114.41
中央本级支出	128.90	114.41
中央国有资本经营支出	1 129.67	1 551.23
国有资本经营预算调出资金	230.00	246.00
结转下年支出	397.23	

注:由于 2015 年与 2016 年的预算科目不同,按此预算分类,无法使用 2014 年明细数据,也无法使用 2015 年决算数据与 2016 年进行比较,只能使用 2015 年预算执行数据与 2016 年预算数据进行比较。

2.4　中央财政赤字与政府债务

近两年中央财政赤字与政府债务数据见表 2-7。

表 2-7　　　　　　　　　　中央财政国债余额情况　　　　　　　　　　单位:亿元

科　目	预算数	决算数
一、2014 年末国债余额实际数		95 655.45
内债余额		94 676.31
外债余额		979.14
二、2015 年末国债余额限额	111 908.35	
三、2015 年国债发行额		21 285.06
内债发行额		20 987.47

续表

科　目	预算数	决算数
外债发行额		297.59
四、2015 年国债还本额		10 347.57
内债还本额		10 196.30
外债还本额		151.27
五、2015 年末国债余额实际数		106 599.59
内债余额		105 467.48
外债余额		1 132.11
六、2016 年中央财政赤字	14 000.00	
七、2016 年末国债余额限额	125 908.35	

注:①本表 2014 年外债余额实际数按照国家外汇管理局公布的 2014 年 12 月外汇折算率计算,2015 年外债发行额和外债余额实际数按照国家外汇局公布的 2015 年 12 月外汇折算率计算,2015 年外债还本额按照当期汇率计算。受外币汇率变动影响,2015 年末外债余额实际数≠2014 年外债余额实际数＋2015 年外债发行额－2015 年外债还本额。

②本表国债余额包括国债、国际金融组织和外国政府贷款。除此之外,还有一部分需要政府偿还的债务,主要是偿付金融机构债务,以及部分政府部门及所属单位举借的债务等,这部分债务在规范管理后纳入国债余额。

3 地方财政概览

3.1 地方一般公共预算收支

2014—2016 年地方一般公共预算收支见表 3—1 和表 3—2。

表 3—1　　　　　　　　　　　地方一般公共预算收入　　　　　　　　单位:亿元

科　目	2014 年	2015 年	2016 年
一、税收收入	59 139.91	62 661.93	
国内增值税	9 752.33	10 112.52	
营业税	17 712.79	19 162.11	
企业所得税	8 828.64	9 493.79	
个人所得税	2 950.58	3 446.75	
资源税	1 039.38	997.07	
城市维护建设税	3 461.82	3 707.04	
房产税	1 851.64	2 050.90	
印花税	893.12	965.29	
其中:证券交易印花税	20.04	76.63	
城镇土地使用税	1 992.62	2 142.04	
土地增值税	3 914.68	3 832.18	
车船税	541.06	613.29	
耕地占用税	2 059.05	2 097.21	
契税	4 000.70	3 898.55	

续表

科　目	2014 年	2015 年	2016 年
烟叶税	141.05	142.78	
其他税收收入	0.45	0.41	
二、非税收入	16 736.67	20 340.11	
专项收入	3 304.76	6 410.36	
行政事业性收费收入	4 840.37	4 412.08	
罚没收入	1 632.89	1 762.90	
国有资本经营收入	1 146.34	690.76	
国有资源(资产)有偿使用收入	4 187.65	5 220.74	
其他收入	1 624.66	1 843.27	
地方本级收入	75 876.58	83 002.04	86 630.00
中央税收返还和转移支付	51 591.04	55 097.51	58 030.00
地方一般公共预算收入	127 467.62	138 099.55	152 860.00
地方财政使用结转结余及调入资金		7 236.07	400.00
支出大于收入的差额	4 000.00	5 000.00	7 800.00

注:①地方一般公共预算支出大于收入的差额=地方一般公共预算支出—收入总量(地方一般公共预算收入+地方财政使用结转结余及调入资金)。

②根据现行规定,地方财政结转结余当年不列预算支出,在以后年度实际使用时再列预算支出;国库集中支付结余按权责发生制当年列预算支出。2014 年汇总的地方财政除国库集中支付结余外的结转结余资金为12 677亿元,表中使用结转结余及调入资金7 236.07亿元主要是 2015 年使用的这部分资金。

③自 2016 年 1 月 1 日起,将水土保持补偿费等 5 个项目收支由政府性基金预算转列一般公共预算。

表 3—2　　　　　　　　　　　　地方一般公共预算支出　　　　　　　　　　　单位:亿元

科　目	2014 年	2015 年	2016 年
一般公共服务支出	12 217.07	12 492.49	
外交支出	1.45	3.54	
国防支出	234.40	219.33	
公共安全支出	6 879.47	7 795.79	
教育支出	21 788.09	24 913.71	
科学技术支出	2 877.79	3 384.18	
文化体育与传媒支出	2 468.48	2 804.65	
社会保障和就业支出	15 268.94	18 295.62	
医疗卫生与计划生育支出	10 086.56	11 868.67	

续表

科　目	2014 年	2015 年	2016 年
节能环保支出	3 470.90	4 402.48	
城乡社区支出	12 942.31	15 875.53	
农林水支出	13 634.16	16 641.71	
交通运输支出	9 669.26	11 503.27	
资源勘探信息等支出	4 634.73	5 663.56	
商业服务业等支出	1 319.78	1 724.76	
金融支出	258.70	496.22	
援助其他地区支出	216.50	261.41	
国土海洋气象等支出	1 722.56	1 766.76	
住房保障支出	4 638.31	5 395.84	
粮油物资储备支出	778.39	777.01	
政府债务付息支出	983.10	681.68	
其他支出	3 124.54	3 341.38	
预备费			
债务发行费用支出		26.03	
地方一般公共预算支出	129 215.49	150 335.62	152 860.00
地方政府债券还本支出	993.00		
地方财政补充预算稳定调节基金及结转下年支出	1 259.13		

3.2　地方政府性基金预算收支

2014—2016 年地方政府性预算基金收支见表 3—3 和表 3—4。

表 3—3　　　　　　　　　　地方政府性基金预算收入　　　　　　　　　单位:亿元

科　目	2014 年	2015 年	2016 年
地方农网还贷资金收入	35.52	36.68	
山西省煤炭可持续发展基金收入	233.30		
海南省高等级公路车辆通行附加费收入	17.33	19.30	
转让政府还贷道路收费权收入	32.89		
港口建设费收入	39.45	39.37	

续表

科 目	2014 年	2015 年	2016 年
散装水泥专项资金收入	17.59	17.64	
新型墙体材料专项基金收入	93.57	89.17	
国家电影事业发展专项资金收入		0.54	
文化事业建设费收入	101.77		
地方教育附加收入	1 137.97		
新菜地开发建设基金收入	5.24	5.87	
新增建设用地土地有偿使用费收入	556.03	559.68	
育林基金收入	34.57		
森林植被恢复费收入	98.38		
地方水利建设基金收入	408.52		
南水北调工程基金收入	6.89	5.89	
残疾人就业保障金收入	284.27		
政府住房基金收入	419.91	608.01	
城市公用事业附加收入	273.40	295.52	
国有土地使用权出让金收入	40 385.86	30 783.80	28 248.60
国有土地收益基金收入	1 413.89	1 024.97	
农业土地开发资金收入	250.30	177.30	
大中型水库库区基金收入	34.72	34.48	
彩票公益金收入	530.57	512.83	
城市基础设施配套费收入	1 367.10	1 252.59	
小型水库移民扶助基金收入	14.39	15.32	
国家重大水利工程建设基金收入	62.50	61.77	
车辆通行费收入	1 476.14	1 526.34	
船舶港务费收入	6.98		
无线电频率占用费收入	1.70	1.75	
水土保持补偿费收入	1.47	30.99	
污水处理费收入		255.68	
彩票发行和销售机构业务费收入		174.64	
其他政府性基金收入	663.35	689.82	
地方政府性基金本级收入	50 005.57	38 219.95	32 902.09

科　目	2014 年	2015 年	2016 年
中央政府性基金转移支付	1 355.62	1 338.93	1 114.59
地方政府性基金收入	51 361.19	39 558.88	38 016.68
地方政府专项债务收入		1 000.00	4 000.00

表 3—4　　　　　　　　　　　　　地方政府性基金预算支出　　　　　　　　　　　单位:亿元

科　目	2014 年	2015 年	2016 年
地方农网还贷资金安排的支出	33.78	42.58	
山西省煤炭可持续发展基金支出	144.56		
民航发展基金支出	143.49	146.35	
海南省高等级公路车辆通行附加费相关支出	18.27	18.85	
转让政府还贷道路收费权收入安排的支出	30.14		
港口建设费相关支出	130.38	129.76	
散装水泥专项资金相关支出	9.35	8.97	
新型墙体材料专项基金相关支出	54.56	51.45	
旅游发展基金支出	5.73	7.38	
文化事业建设费安排的支出	79.61		
地方教育附加安排的支出	838.92		
国家电影事业发展专项资金相关支出	12.98	15.33	
新菜地开发建设基金相关支出	7.55	8.71	
新增建设用地有偿使用费相关支出	985.04	1 085.27	
育林基金支出	31.76		
森林植被恢复费安排的支出	78.40		
地方水利建设基金支出	590.79		
南水北调工程基金相关支出		9.27	
政府住房基金相关支出		377.89	
城市公用事业附加相关支出		316.46	
国有土地使用权出让金收入相关支出		30 612.75	
国有土地收益基金相关支出		1 036.88	
农业土地开发资金相关支出	196.36	155.88	
大中型水库移民后期扶持基金支出	223.72	402.90	
大中型水库库区基金相关支出	223.72	49.67	

续表

科　目	2014 年	2015 年	2016 年
三峡水库库区基金支出	5.43	10.67	
彩票公益金相关支出	584.17	733.47	
城市基础设施配套费相关支出	1 236.96	1 153.64	
小型水库移民扶助基金相关支出	10.86	16.77	
国家重大水利工程建设基金相关支出	108.61	181.83	
车辆通行费相关支出	1 488.07	1 538.74	
船舶港务费安排的支出	6.72		
可再生能源电价附加收入安排的支出	47.36	116.83	
无线电频率占用费安排的支出	20.78	24.67	
水土保持补偿费安排的支出	0.13	8.33	
彩票发行和销售机构业务费安排的支出		94.68	
污水处理费相关支出		176.78	
其他政府性基金相关支出	503.76	789.86	
地方政府专项债务收入安排的支出			
地方政府性基金支出	48 499.96	39 322.62	38 016.68
上解中央支出	24.38	6.12	
结转下年支出	2 836.85	1 230.14	

3.3　地方国有资本经营预算收支

2014－2016 年地方国有资本经营预算收支见表 3－5 和表 3－6。

表 3－5　　　　　　　　　地方国有资本经营预算收入　　　　　　　　单位:亿元

科　目	2014 年	2015 年	2016 年
一、利润收入	321.58	558.54	
金融企业利润收入	3.08		
石油石化企业利润收入	7.61	2.16	
电力企业利润收入	22.68	29.53	
煤炭企业利润收入	6.19	3.03	
有色冶金采掘企业利润收入	2.68	4.39	

科　目	2014 年	2015 年	2016 年
钢铁企业利润收入	1.39	8.77	
化工企业利润收入	3.04	3.66	
运输企业利润收入	9.81	17.46	
电子企业利润收入	3.30	4.23	
机械企业利润收入	29.44	44.74	
投资服务企业利润收入	61.35	100.33	
纺织轻工企业利润收入	15.00	9.32	
贸易企业利润收入	14.72	17.86	
建筑施工企业利润收入	11.52	13.57	
房地产企业利润收入	14.91	17.91	
建材企业利润收入	3.48	3.00	
境外企业利润收入	0.11	0.16	
对外合作企业利润收入	0.62	0.78	
医药企业利润收入	2.41	3.64	
农林牧渔企业利润收入	2.80	4.02	
转制科研院所利润收入	0.57	1.10	
地质勘查企业利润收入	0.20	0.44	
卫生体育福利企业利润收入			
教育文化广播企业利润收入	6.31	14.23	
科学研究企业利润收入	0.04	0.06	
机关社团所属企业利润收入	0.24	2.31	
其他国有资本经营预算企业利润收入	98.08	251.84	
二、股利、股息收入	107.21	159.05	
国有控股公司股利、股息收入	79.65	95.70	
国有参股公司股利、股息收入	14.45	40.63	
其他国有资本经营预算企业股利、股息收入	13.11	22.72	
三、产权转让收入	72.33	109.58	
国有股权、股份转让收入	20.17	68.09	
国有独资企业产权转让收入	3.95	10.70	
其他国有资本经营预算企业产权转让收入	48.21	30.79	

续表

科　目	2014 年	2015 年	2016 年
四、清算收入	3.23	3.03	
国有股权、股份清算收入	0.01	0.06	
国有独资企业清算收入	3.07	1.16	
其他国有资本经营预算企业清算收入	0.15	1.81	
五、其他国有资本经营预算收入	92.33	107.72	
地方国有资本经营本级收入	596.68	937.92	894.7
中央对地方国有资本经营转移支付	79.11	127.21	360
地方国有资本经营收入		1 065.13	1 254.7

表 3－6　　　　　　　　　　　　地方国有资本经营预算支出　　　　　　　　　　　单位:亿元

科　目	2014 年	2015 年	2016 年
一、教育支出	1.54	2.01	
其中:国有经济结构调整支出		0.18	
公益性设施投资补助支出		0.51	
战略性产业发展支出			
支持科技进步支出		0.14	
改革成本支出		0.03	
其他国有资本经营预算支出		1.15	
二、科学技术支出	21.11	35.76	
其中:国有经济结构调整支出		0.45	
公益性设施投资补助支出			
战略性产业发展支出		2.48	
生态环境保护支出		0.07	
支持科技进步支出		31.53	
改革成本支出		0.01	
其他国有资本经营预算支出		1.22	
三、文化体育与传媒支出	17.96	24.46	
其中:国有经济结构调整支出		15.40	
公益性设施投资补助支出		4.52	
战略性产业发展支出		1.54	
支持科技进步支出		0.47	

科　目	2014 年	2015 年	2016 年
改革成本支出		0.24	
其他国有资本经营预算支出		2.29	
四、节能环保支出	11.76	16.67	
其中:国有经济结构调整支出			
公益性设施投资补助支出		0.12	
战略性产业发展支出			
生态环境保护支出		5.26	
支持科技进步支出		0.12	
改革成本支出		4.03	
其他国有资本经营预算支出		7.14	
五、城乡社区支出	42.89	70.36	
其中:国有经济结构调整支出		5.61	
公益性设施投资补助支出		30.76	
战略性产业发展支出		0.03	
生态环境保护支出		0.16	
支持科技进步支出		0.04	
改革成本支出		0.98	
其他国有资本经营预算支出		32.78	
六、农林水支出	5.32	9.08	
其中:国有经济结构调整支出		3.44	
公益性设施投资补助支出		1.09	
战略性产业发展支出		0.37	
生态环境保护支出		1.18	
支持科技进步支出		0.06	
保障国家经济安全支出		0.01	
对外投资合作支出		0.25	
改革成本支出		0.50	
其他国有资本经营预算支出		2.18	
七、交通运输支出	73.35	59.89	
其中:国有经济结构调整支出		13.37	

续表

科　目	2014 年	2015 年	2016 年
公益性设施投资补助支出		20.32	
战略性产业发展支出		3.13	
生态环境保护支出		0.10	
支持科技进步支出		0.23	
改革成本支出		0.23	
其他国有资本经营预算支出		22.51	
八、资源勘探信息等支出	179.66	346.63	
其中:国有经济结构调整支出		120.74	
公益性设施投资补助支出		8.80	
战略性产业发展支出		43.59	
生态环境保护支出		1.83	
支持科技进步支出		9.83	
保障国家经济安全支出			
对外投资合作支出		1.07	
改革成本支出		103.82	
其他国有资本经营预算支出		56.95	
九、商业服务业等支出	107.47	129.50	
其中:国有经济结构调整支出		60.57	
公益性设施投资补助支出		9.73	
战略性产业发展支出		9.29	
生态环境保护支出		0.12	
支持科技进步支出		2.44	
保障国家经济安全支出		8.70	
对外投资合作支出		0.12	
改革成本支出		9.49	
其他国有资本经营预算支出		29.04	
十、其他支出	94.72	137.05	
其中:国有经济结构调整支出		24.03	
公益性设施投资补助支出		0.95	
战略性产业发展支出		2.38	

科　目	2014 年	2015 年	2016 年
生态环境保护支出		0.08	
支持科技进步支出		0.18	
保障国家经济安全支出		0.02	
对外投资合作支出		0.02	
改革成本支出		6.80	
其他国有资本经营预算支出		102.59	
十一、转移性支出	38.81		186.88
其中:国有资本经营预算调出资金	38.81		186.88
地方国有资本经营支出	594.59	831.41	1 067.82
结转下年支出	81.20	233.72	

3.4　地方社会保险基金预算收支

由于我国中央政府没有独立的社会保险基金,地方社会保险基金汇总数就是全国社会保险基金。在此不重复列出,请参阅第 1 章第 1.4 节"全国社会保险基金预算收支"。

3.5　地方财政赤字与债务余额

近几年地方政府一般债务余额及专项债务余额情况见表 3—7 和表 3—8。

表 3—7　　　　　　　　　　地方政府一般债务余额情况　　　　　　　　　　单位:亿元

科　目	预算数	决算数
一、2014 年末地方政府一般债务余额实际数		94 272.40
二、2015 年末地方政府一般债务余额限额	99 272.40	
三、2015 年地方政府一般债务发行额		28 606.90
四、2015 年地方政府一般债务还本额		23 606.90
五、2015 年末地方政府一般债务余额数		99 272.40
其中:地方政府一般债券余额实际数		38 515.90
其他地方政府一般债务余额数		60 756.50
六、2016 年地方财政赤字	7 800.00	

续表

科　目	预算数	决算数
七、2016 年末地方政府一般债务余额限额	107 072.40	

注:"其他地方政府一般债务余额数"指地方政府一般债务中银行贷款等非政府债券形式的债务余额数。由于债务举借主体分布在融资平台公司等企事业单位,债务资金的举借和使用未经总预算会计核算,在完成地方政府债券置换前,本表中"其他地方政府一般债务余额数"及在其基础上加总的"2015 年末地方政府一般债务余额数"为地方统计数。

表 3—8　　　　　　　　　　地方政府专项债务余额情况　　　　　　　　　单位:亿元

科　目	预算数	执行数
一、2014 年末地方政府专项债务余额实际数		59 801.90
二、2015 年末地方政府专项债务余额限额	60 801.90	
三、2015 年地方政府专项债务发行额		9 743.70
四、2015 年地方政府专项债务还本额		8 743.70
五、2015 年末地方政府专项债务余额预计执行数		60 801.90
六、2016 年地方政府专项债务余额新增限额	4 000.00	
七、2016 年末地方政府专项债务余额限额	64 801.90	

2014 年各省份[①]及计划单列市的地方政府债务余额见表 3—9。

表 3—9　　　　　　　2014 年各省份及计划单列市的地方政府债务余额　　　　　　单位:亿元

省份/计划单列市	小计	偿债责任债务	担保责任债务	救助责任债务
安徽		4 724.7		
北京		6 378.37		
福建		4 159.99		
甘肃	4 379	1 550.5	447.5	2 381
广东		8 808.6	749	1 324
广西	6 393.19	4 286.79	1 201.56	904.84
贵州		8 774		
海南	1 697.3	1 321.7	221.2	154.4
河北		5 479.02	1 112.57	3 156.59
河南		5 339.8	480.5	2 583.2
黑龙江		2 802		
湖北		4 437.48		

---

①　此处"省份"是指省级行政区划单位,包括省、自治区、直辖市。

续表

省份/计划单列市	小计	偿债责任债务	担保责任债务	救助责任债务
湖南	12 005.46	6 267.29	631.18	5 106.99
吉林		2 696.9		
江苏		10 643.3		
江西		3 681.2	1 262.2	850.8
辽宁		6 744.4		
内蒙古	6 909.27	5 474.3		
宁夏	1 319.96	978.48		
青海		1 179.86		
山东		8 205.2		
山西		1 951.8		
陕西	8 711.13	4 844.84		
上海		5 812.5	238.6	3 285.7
四川		7 485		
天津		2 498.5		
西藏				
新疆		2 658.7		
云南		6 009		
浙江		6 849.8		
重庆		3 250.4		
大连		2 044.1		
宁波	3 469	1 740	320	1409
青岛	1 623.84	1 047.59	106.76	469.49
厦门				
深圳				

注:辽宁省数据不含大连市的债务数据;山东省数据不含青岛市的债务数据;浙江省数据不含宁波市的债务数据;福建省数据不含厦门市的债务数据。

2015 年各省份及计划单列市的地方政府债务限额见表 3—10。

表 3—10　　　　2015 年各省份及计划单列市的地方政府债务限额(偿还责任债务)　　　单位:亿元

省份/计划单列市	一般债务	专项债务	总和
北京市	1 495.30	5 194.10	6 689.4
天津市	798.20	1 793.30	2 591.5
河北省	4 493.60	1 394.40	5 888

省份/计划单列市	一般债务	专项债务	总和
山西省	1 588.00	534.80	2 122.8
内蒙古自治区	4 667.90	1 007.60	5 675.5
辽宁省	6 426.80	2 711.90	9 138.7
辽宁省（不含大连市）	5 105.70	1 941.90	7 047.6
大连市	1 321.10	770.00	2 091.1
吉林省	2 050.00	968.70	3 018.7
黑龙江省	2 477.20	687.80	3 165
上海市	3 267.90	2 750.60	6 018.5
江苏省	6 528.20	4 426.10	10 954.3
浙江省	4 994.50	4 193.90	9 188.4
浙江省（不含宁波市）	3 833.40	3 492.00	7 325.4
宁波市	1 161.10	701.90	1 863
安徽省	3 417.60	2 006.50	5 424.1
福建省	2 173.40	2 877.90	5 051.3
福建省（不含厦门市）	1 919.00	2 667.30	4 586.3
厦门市	254.40	210.60	465
江西省	2 723.40	1 181.80	3 905.2
山东省	6 190.80	3 343.00	9 533.8
山东省（不含青岛市）	5 442.80	3 000.40	8 443.2
青岛市	748.00	342.60	1 090.6
河南省	4 425.20	1 529.30	5 954.5
湖北省	3 138.30	1 559.20	4 697.5
湖南省	4 113.90	2 666.40	6 780.3
广东省	5 862.30	3 279.30	9 141.6
广东省（不含深圳市）	5 561.70	3 247.80	8 809.5
深圳市	300.60	31.50	332.1
广西壮族自治区	2 545.60	1 919.20	4 464.8
海南省	1 046.00	445.30	1 491.3
重庆市	2 118.60	1 293.80	3 412.4
四川省	4 702.90	3 105.10	7 808

续表

省份/计划单列市	一般债务	专项债务	总和
贵州省	5 384.70	3 750.80	9 135.5
云南省	4 559.80	2 068.30	6 628.1
西藏自治区	111.30	3.00	114.3
陕西省	2 742.20	2 322.60	5 064.8
甘肃省	1 062.30	647.20	1 709.5
青海省	1 161.10	169.80	1 330.9
宁夏回族自治区	885.40	253.50	1 138.9
新疆维吾尔自治区	2 120.00	716.70	2 836.7
合　计	99 272.40	60 801.90	160 074.3

4 各省份财政概览

4.1 北京市财政概览

4.1.1 一般公共预算收支

2014—2016 年北京市一般公共预算收支见表 4—1 和表 4—2。

表 4—1　　　　　　　　　　北京市一般公共预算收入　　　　　　　　单位:万元

科　目	2014 年	2015 年	2016 年
税收收入	38 612 900		
增值税	6 466 900		
营业税	10 686 400		
企业所得税	9 158 400		
个人所得税	3 835 200		
资源税	7 800		
城市维护建设税	1 872 400		
房产税	1 402 200		
印花税	613 300		
城镇土地使用税	177 600		
土地增值税	2 143 300		
车船税	277 200		
耕地占用税	46 900		
契税	1 925 200		

续表

科 目	2014 年	2015 年	2016 年
烟叶税	0		
其他税收收入	100		
非税收入	1 658 700		
专项收入	1 033 800		
行政事业性收费收入	539 000		
罚没收入	386 700		
国有资本经营收入	−947 900		
国有资源(资产)有偿使用收入	553 100		
其他收入	93 900		
本年收入合计	40 271 600	47 239 000	50 310 000
中央税收返还及转移支付	5 338 100		
省补助计划单列市收入	0		
地方政府债券收入	1 050 000		
债务转贷收入	0		
债务转贷资金上年结余	800		
上年结余收入	5 034 400		
调入预算稳定调节基金	403 500		
调入资金	25 100		
接受其他地区援助收入			
收入总计	52 123 500	67 003 000	59 170 000

表 4—2　　　　　　　　　　　　北京市一般公共预算支出　　　　　　　　　　　单位:万元

科 目	2014 年	2015 年	2016 年
一般公共服务支出	2 722 300		
外交支出			
国防支出	84 900		
公共安全支出	2 797 800		
教育支出	7 420 500		
科学技术支出	2 827 100		
文化体育与传媒支出	1 639 000		
社会保障和就业支出	5 090 100		

科　目	2014 年	2015 年	2016 年
医疗卫生与计划生育支出	3 222 900		
节能环保支出	2 133 600		
城乡社区支出	5 674 000		
农林水支出	3 436 700		
交通运输支出	2 145 500		
资源勘探信息等支出	1 585 900		
商业服务业等支出	399 000		
金融支出	40 900		
援助其他地区支出	180 300		
国土海洋气象等支出	318 200		
住房保障支出	669 600		
粮油物资储备支出	56 400		
预备费	0		
债务付息支出	84 900		
其他支出	2 717 200		
本年支出合计	45 246 700	52 782 000	56 742 000
上解中央支出	606 100		
计划单列市上解省支出			
增设预算周转金			
拨付债务转贷资金数			
债务转贷资金结余	800		
地方政府债券还本	270 000		
安排预算稳定调节基金	1 307 300		
调出资金	300 700		
援助其他地区支出			
年终结余	4 391 900		
支出总计	52 123 500	67 003 000	59 170 000

4.1.2　政府性基金预算收支

2015－2016 年北京市政府性基金预算收支见表 4－3。

表4—3　　　　　　　　　　　　北京市政府性基金预算收支　　　　　　　　　　单位:万元

科　目	2015 年	2016 年
收入	20 284 000	12 327 000
地方上年专项政策性结转使用等收入	13 958 000	4 031 000
收入合计	34 242 000	16 358 000
支出	22 578 000	15 439 000
地方专项政策性结转下年使用等支出	11 664 000	919 000
支出合计	34 242 000	16 358 000

4.1.3　国有资本经营预算收支

2015—2016 年北京市国有资本经营预算收支见表4—4。

表4—4　　　　　　　　　　北京市国有资本经营预算收支　　　　　　　　　单位:万元

科　目	2015 年	2016 年
收入	613 000	509 000
年结转收入	35 000	31 000
收入合计	648 000	540 000
支出	614 000	447 000
结转下年使用等支出	34 000	93 000
支出合计	648 000	540 000

4.1.4　社会保险基金预算收支

2015—2016 年北京市社会保险基金预算收支见表4—5 和表4—6。

表4—5　　　　　　　　　　北京市社会保险基金预算收入　　　　　　　　　单位:万元

科　目	2015 年	2016 年
一、基本养老保险基金收入	15 871 946	17 045 020
基本养老保险费收入	14 787 691	15 907 476
基本养老保险基金利息收入	931 930	965 023
基本养老保险基金财政补贴收入	8 953	8 953
其他基本养老保险基金收入	143 372	163 568
二、失业保险基金收入	816 742	829,254
失业保险费收入	706 040	756 288
失业保险基金利息收入	101 799	72 256
失业保险基金财政补贴收入		

续表

科　目	2015 年	2016 年
其他失业保险基金收入	8 903	710
三、基本医疗保险基金收入	7 862 675	8 365 685
基本医疗保险费收入	7 774 777	8 290 552
基本医疗保险基金利息收入	67 614	68 957
基本医疗保险基金财政补贴收入	13 203	
其他基本医疗保险基金收入	7 081	6 176
四、工伤保险基金收入	328 515	320 366
工伤保险费收入	326 981	310 265
工伤保险基金利息收入	1 333	9 832
工伤保险基金财政补贴收入		
其他工伤保险基金收入	201	269
五、生育保险基金收入	509 989	535 067
生育保险费收入	487 748	533 923
生育保险基金利息收入	21 951	716
生育保险基金财政补贴收入		
其他生育保险基金收入	291	428
六、新型农村合作医疗基金收入	291 078	286 574
新型农村合作医疗基金缴费收入	40 587	39 165
新型农村合作医疗基金利息收入	1 132	1 167
新型农村合作医疗基金政府资助收入	249 348	246 241
其他新型农村合作医疗基金收入	12	
七、城镇居民基本医疗保险基金收入	250 221	223 736
城镇居民基本医疗保险基金缴费收入	37 442	34 965
城镇居民基本医疗保险基金利息收入	3 270	3 651
城镇居民基本医疗保险基金政府资助收入	209 509	185 120
其他城镇居民基本医疗保险基金收入		
八、城乡居民基本养老保险基金收入	608 198	679 561
城乡居民基本养老保险基金缴费收入	103 290	102 497
城乡居民基本养老保险基金利息收入	24 180	36 961
城乡居民基本养老保险基金政府补贴收入	467 450	528 843

科　目	2015 年	2016 年
其他城乡居民基本养老保险基金收入	13 277	11 260
九、机关事业单位基本养老保险基金收入		4 459 535
基本养老保险费收入		3 004 711
机关事业单位基本养老保险基金投资收益		57
机关事业单位基本养老保险基金财政补贴收入		1 454 742
其他机关事业单位基本养老保险基金收入		25
收入合计	26 539 364	32 744 797
上年结余收入	27 626 096	35 202 635
收入总计	54 165 460	67 947 432

表 4-6　　　　　　　　　　北京市社会保险基金预算支出　　　　　　　　单位:万元

科　目	2015 年	2016 年
一、基本养老保险基金支出	9 654 563	11 114 120
基本养老金	9 426 990	10 779 025
医疗补助金		
丧葬抚恤补助	87 243	105 652
其他基本养老保险基金支出	140 331	229 443
二、失业保险基金支出	427 812	679 781
失业保险金	49 330	65 354
医疗保险费	28 366	36 986
丧葬抚恤补助	46	60
职业培训和职业介绍补贴	7 102	2 399
其他失业保险基金支出	342 969	574 982
三、基本医疗保险基金支出	7 193 515	8 151 169
基本医疗保险统筹基金	4 931 774	5 712 628
医疗保险个人账户基金	2 251 630	2 428 835
其他基本医疗保险基金支出	10 111	9 706
四、工伤保险基金支出	265 081	316 535
工伤保险待遇	264 981	315 855
其他工伤保险基金支出	100	680
五、生育保险基金支出	526 815	590 061

续表

科　目	2015 年	2016 年
生育保险金	71 311	590 061
其他生育保险基金支出	455 505	
六、新型农村合作医疗基金支出	258 067	276 032
基本医疗保险待遇	256 784	276 032
其他新型农村合作医疗基金支出	1 283	
七、城镇居民基本医疗保险基金支出	145 774	196 765
基本医疗保险待遇	145 774	196 765
其他城镇居民基本医疗保险基金支出		
八、城乡居民基本养老保险基金支出	491 197	556 716
基础养老金	436 925	501 517
个人账户养老基金	53 871	43 811
丧葬抚恤补助		10 885
其他城乡居民基本养老保险基金支出	401	503
九、机关事业单位基本养老保险基金支出		4 421 783
基本养老金		4 421 738
其他机关事业单位基本养老保险基金支出		45
支出合计	18 962 825	26 302 962
年终结余	35 202 635	41 644 470
支出总计	54 165 460	67 947 432

4.2　天津市财政概览

4.2.1　一般公共预算收支

2014—2016 年天津市一般公共预算收支见表 4—7 和表 4—8。

表 4—7　　　　　　天津市一般公共预算收入　　　　单位:万元

科　目	2014 年	2015 年	2016 年
税收收入	14 868 800	15 779 395	17 200 000
增值税	2 529 200	2 520 223	2 721 500
营业税	4 784 700	5 014 080	5 465 700
企业所得税	2 349 100	2 598 899	2 806 600

续表

科 目	2014 年	2015 年	2016 年
个人所得税	719 800	817 606	936 900
资源税	27 600	20 957	21 000
城市维护建设税	889 800	961 744	1 044 500
房产税	658 600	718 092	819 800
印花税	309 400	341 947	385 600
城镇土地使用税	251 900	250 745	279 600
土地增值税	1 170 400	1 399 890	1 410 800
车船税	99 100	105 250	111 800
耕地占用税	115 100	104 111	106 000
契税	964 000	925 851	1 090 200
烟叶税	0		
其他税收收入	0		
非税收入	9 034 700	10 890 487	12 130 000
专项收入	446 900	1 614 958	1 631 700
行政事业性收费收入	2 364 700	2 089 946	2 065 800
罚没收入	182 100	223 964	209 500
国有资本经营收入	531 900	278 512	287 000
国有资源(资产)有偿使用收入	3 557 900	4 494 408	5 344 000
政府住房基金收入	0		120 000
其他收入	1 951 400	2 188 699	2 472 000
本年收入合计	23 903 500	26 669 882	29 330 000
中央税收返还收入	4 428 300	1 446 369	1 463 002
中央转移支付收入		2 647 758	2 325 063
省补助计划单列市收入	0		
地方政府债券收入	520 000	790 000	
债务转贷收入	0		
债务转贷资金上年结余	2 000		
上年结余收入	1 310 200	1 387 847	1 374 998
调入预算稳定调节基金	90 000		
调入资金	1 539 100	746 649	—132 463

续表

科　目	2014 年	2015 年	2016 年
接受其他地区援助收入	0		
收入总计	31 793 000	33 688 505	34 360 600

表 4—8　　　　　　　　　　　　天津市一般公共预算支出　　　　　　　　　　单位:万元

科　目	2014 年	2015 年	2016 年
一般公共服务支出	1 580 800	1 808 339	1 928 800
外交支出	0		
国防支出	11 600		
公共安全支出	1 393 100	1 578 741	1 707 000
教育支出	5 170 100	5 075 110	5 440 140
科学技术支出	1 090 000	1 208 173	1 321 930
文化体育与传媒支出	478 700	517 295	566 500
社会保障和就业支出	2 595 600	3 147 907	3 617 070
医疗卫生与计划生育支出	1 613 300	1 950 404	2 128 830
节能环保支出	579 300	731 024	799 150
城乡社区支出	8 237 000	9 277 902	9 143 120
农林水支出	1 349 100	1 563 785	1 652 880
交通运输支出	949 500	988 768	1 048 620
资源勘探信息等支出	1 831 000	2 023 745	2 069 040
商业服务业等支出	262 400	503 619	535 910
金融支出	29 300	36 722	38 160
援助其他地区支出	66 100	114 808	114 280
国土海洋气象等支出	252 400	218 133	227 310
住房保障支出	155 700	468 168	482 070
粮油物资储备支出	56 000	78 149	83 910
预备费			
债务付息支出			439 490
其他支出	1 146 100	1 022 715	1 016 390
本年支出合计	28 847 000	32 313 507	34 360 600
上解中央支出	521 200		

续表

科　目	2014 年	2015 年	2016 年
计划单列市上解省支出			
增设预算周转金			
拨付债务转贷资金数			
债务转贷资金结余	2 000		
地方政府债券还本	120 000		
安排预算稳定调节基金	914 000		
调出资金			
援助其他地区支出	1 000		
年终结余	1 387 800	1 374 998	
支出总计	31 793 000	33 688 505	

4.2.2 政府性基金预算收支

2014－2016 年天津市政府性基金预算收支见表 4－9 和表 4－10。

表 4－9　　　　　　　　　　　天津市政府性基金预算收入　　　　　　　　　　单位:万元

科　目	2014 年	2015 年	2016 年
国有土地使用权出让收入	706 000	6 874 355	6 214 700
政府收益	533 000	2 182 371	2 109 900
土地整理成本	832 000	4 691 984	4 104 800
新增建设用地土地有偿使用费收入	795 000	45 264	51 100
政府住房基金收入	1 147 000	129 417	
散装水泥专项资金收入	513 000	3 878	4 100
新型墙体材料专项基金收入	774 000	10 968	11 800
彩票公益金收入	749 000	100 273	110 300
其他政府性基金收入	1 654 000	131 540	138 000
政府性基金收入合计	694 000	7 295 695	6 530 000
加:中央转移支付收入		130 441	122 283
上年结余收入		2 567 273	1 963 218
调入调出资金等		－1 085 644	－113 571
专项债务收入		140 000	
政府性基金收入总计		9 047 765	8 501 930

表 4—10 　　　　　　　天津市政府性基金预算支出 　　　　　　　单位:万元

科　目	2014 年	2015 年	2016 年
文化体育与传媒支出	0	1 145	2 140
社会保障和就业支出	3 218 000	25 058	17 970
城乡社区支出	638 000	6 717 505	8 158 020
交通运输支出	1 635 000	134 353	131 870
资源勘探信息等支出	457 000	23 369	25 820
其他支出	906 000	183 117	166 110
政府性基金支出合计	651 000	7 084 547	8 501 930
政府性基金收入总计		9 047 765	8 501 930
政府性基金结余		1 963 218	
结转科目资金		1 963 218	

4.2.3 国有资本经营预算收支

2015—2016 年天津市国有资本经营预算收支见表 4—11 和表 4—12。

表 4—11 　　　　　　　天津市国有资本经营预算收入 　　　　　　　单位:万元

科　目	2015 年	2016 年
一、利润收入	124 044	124 400
钢铁企业利润收入	2 991	3 112
化工企业利润收入		3 569
运输企业利润收入	6 416	2 935
电子企业利润收入	2 366	
投资服务企业利润收入	72 888	77 109
纺织轻工企业利润收入	836	1 716
贸易企业利润收入	15 349	11 090
建筑施工企业利润收入	758	801
房地产企业利润收入	14 846	15 145
医药企业利润收入	4 687	5 400
农林牧渔企业利润收入	2 907	3 523
二、股利、股息收入	48 999	20 000
国有资本经营收入合计	173 043	144 400

表4—12 　　　　　　　　　　天津市国有资本经营预算支出 　　　　　　　　　单位:万元

科　目	2015 年	2016 年
一、解决历史遗留问题及改革成本支出	2 142	2 500
厂办大集体改革支出	1 100	
国有企业改革成本支出		1 500
其他解决历史遗留问题及改革成本支出	1 042	1 000
二、国有企业资本金注入	140 901	115 900
国有经济结构调整支出	71 999	44 500
公益性设施投资补助支出	55 242	60 900
前瞻战略性产业发展支出	7 660	5 500
支持科技进步支出	6 000	5 000
三、转移性支出	30 000	26 000
国有资本经营预算调出资金	30 000	26 000
国有资本经营支出合计	173 043	144 400

4.2.4　社会保险基金预算收支

2014—2016 年天津市社会保险基金预算收入见表4—13。

表4—13 　　　　　　　　　　天津市社会保险基金预算收入 　　　　　　　　　单位:万元

科　目	2014 年	2015 年	2016 年
社会保险基金收入合计	9 055 248	9 558 128	10 999 208
保险费收入	6 864 563	7 230 626	8 089 314
财政补贴收入	1 795 684	2 000 438	2 506 263
利息收入	56 034	61 220	220 986
一、城镇企业职工基本养老保险基金收入	5 553 381	5 788 069	5 937 956
保险费收入	4 115 232	4 237 918	4 323 801
财政补贴收入	1 272 600	1 460 913	1 390 535
利息收入	38 268	37 259	203 620
二、失业保险基金收入	302 262	301 026	317 462
保险费收入	299 247	297 974	316 442
利息收入	3 000	2 249	1 000
三、城镇职工基本医疗保险基金收入	2 240 878	2 352 433	2 462 023
保险费收入	1 997 962	2 108 491	2 269 975
财政补贴收入	25 000	22 726	25 000

续表

科 目	2014 年	2015 年	2016 年
利息收入	6 276	6 210	4 648
四、工伤保险基金收入	113 387	112 887	96 541
保险费收入	112 281	112 082	95 682
财政补贴收入			
利息收入	1 085	776	834
五、城镇职工生育保险基金收入	116 394	111 083	81 254
保险费收入	115 629	109 724	80 854
利息收入	765	1 326	400
六、城乡居民基本养老保险基金收入	312 543	464 887	361 989
保险费收入	169 220	302 814	177 500
财政补贴收入	138 113	152 315	175 664
利息收入	5 200	11 763	8 625
七、城乡居民基本医疗保险基金收入	416 403	427 743	457 383
保险费收入	54 992	61 623	104 060
财政补贴收入	359 971	364 484	352 064
利息收入	1 440	1 637	1 259
八、机关事业单位基本养老保险基金收入			1 284 600
保险费收入			721 000
财政补贴收入			563 000
利息收入			600

2015—2016 年天津市社会保险基金预算支出见表 4—14。

表 4—14 天津市社会保险基金预算支出 单位:万元

科 目	2015 年	2016 年
社会保险基金支出合计	8 516 912	10 828 565
一、城镇企业职工基本养老保险基金支出	5 388 502	5 932 797
基本养老金	5 289 944	5 830 212
丧葬抚恤补助	63 849	62 585
二、失业保险基金支出	316 477	353 608
失业保险金	70 850	90 068

续表

科　目	2015 年	2016 年
医疗补助金	20 508	26 455
丧葬抚恤补助	114	100
职业培训和职业介绍补贴	113 559	69 950
促进就业补助	110 415	105 235
三、城镇职工基本医疗保险基金支出	2 039 308	2 434 322
其中:基本医疗保险统筹基金	1 726 836	2 061 818
医疗保险个人账户基金	312 472	372 504
四、工伤保险基金支出	105 569	116 158
其中:工伤保险待遇	104 153	114 508
五、城镇职工生育保险基金支出	103 765	121 769
其中:生育保险金	103 765	121 769
六、城乡居民基本养老保险基金支出	269 204	328 958
七、城乡居民基本医疗保险基金支出	294 087	356 353
八、机关事业单位基本养老保险基金支出		1 184 600

2015－2016 年天津市社会保险基金预算结余见表 4－15。

表 4－15　　　　　　　　　　天津市社会保险基金预算结余　　　　　　　　单位:万元

科　目	2015 年	2016 年
社会保险基金当年收支结余合计	1 041 216	170 643
社会保险基金年末滚存结余合计	8 378 308	8 548 951
一、城镇企业职工基本养老保险基金当年收支结余	399 567	5 159
城镇企业职工基本养老保险基金年末滚存结余	4 027 222	4 032 381
二、失业保险基金当年收支结余	−15 451	−36 146
失业保险基金年末滚存结余	1 032 804	996 658
三、城镇职工基本医疗保险基金当年收支结余	313 125	27 701
城镇职工基本医疗保险基金年末滚存结余	1 161 278	1 188 979
四、工伤保险基金当年收支结余	7 318	−19 617
工伤保险基金年末滚存结余	164 668	145 051
五、城镇职工生育保险基金当年收支结余	7 318	−40 515
城镇职工生育保险基金年末滚存结余	199 913	159 398

科　目	2015 年	2016 年
六、城乡居民基本养老保险基金当年收支结余	195 683	33 031
城乡居民基本养老保险基金年末滚存结余	1 472 575	1 505 606
七、城乡居民基本医疗保险基金当年收支结余	133 656	101 030
城乡居民基本医疗保险基金年末滚存结余	319 848	420 878
八、机关事业单位基本养老保险基金当年收支结余		100 000
机关事业单位基本养老保险基金年末滚存结余		100 000

4.3　河北省财政概览

4.3.1　一般公共预算收支

2014－2016 年河北省一般公共预算收支见表 4－16 和表 4－17。

表 4－16　　　　　　　　　　　　河北省一般公共预算收入　　　　　　　　　　单位:万元

科　目	2014 年	2015 年	2016 年
税收收入	18 660 600	19 340 103	21 089 000
增值税	3 100 700	3 152 634	3 350 000
营业税	5 926 400	6 514 799	7 280 000
企业所得税	2 562 300	2 668 019	2 979 000
个人所得税	561 200	628 557	680 000
资源税	546 800	284 825	300 000
城市维护建设税	1 059 400	1 117 674	1 155 000
房产税	471 800	513 411	530 000
印花税	313 400	299 436	323 500
城镇土地使用税	1 040 400	1 068 360	1 140 000
土地增值税	1 160 900	1 185 833	1 300 000
车船税	276 100	319 486	330 000
耕地占用税	491 200	493 698	520 000
契税	1 148 400	1 091 982	1 200 000
烟叶税	1 400	1 389	1 500
其他税收收入			

续表

科　目	2014 年	2015 年	2016 年
非税收入	5 805 600	7 144 796	7 250 000
专项收入	952 500	2 172 215	1 750 000
行政事业性收费收入	1 869 800	1 858 003	1 710 000
罚没收入	1 031 400	1 132 501	1 090 000
国有资本经营收入	321 200	227 576	180 000
国有资源(资产)有偿使用收入	1 277 600	1 418 651	1 750 000
其他收入	353 100	335 850	770 000
本年收入合计	24 466 200	26 484 899	28 339 000
中央税收返还及转移支付	23 004 300		
省补助计划单列市收入			
地方政府债券收入	1 480 000		
债务转贷收入			
债务转贷资金上年结余	1 600		
上年结余收入	3 485 000		
调入预算稳定调节基金	52 300		
调入资金	791 800		
接受其他地区援助收入			
收入总计	53 281 100		

表 4—17　　　　　　　　　河北省一般公共预算支出　　　　　　　　单位:万元

科　目	2014 年	2015 年	2016 年
一般公共服务支出	4 765 900	5 175 960	4 600 366
外交支出			
国防支出	123 800	102 491	118 105
公共安全支出	2 482 900	2 842 985	2 654 416
教育支出	8 688 700	10 296 231	10 054 232
科学技术支出	513 200	468 947	590 979
文化体育与传媒支出	826 600	884 233	813 490
社会保障和就业支出	5 856 200	7 610 348	6 880 179
医疗卫生与计划生育支出	4 467 900	5 230 683	5 114 858
节能环保支出	1 934 300	2 816 059	1 537 165

科　目	2014 年	2015 年	2016 年
城乡社区支出	3 678 300	5 379 295	3 226 447
农林水支出	5 835 200	6 997 357	4 994 835
交通运输支出	3 102 300	3 210 036	3 008 250
资源勘探信息等支出	1 041 300	1 084 196	926 929
商业服务业等支出	290 600	358 628	222 273
金融支出	19 800	30 407	22 429
援助其他地区支出	60 400		15 941
国土海洋气象等支出	663 200	765 734	579 271
住房保障支出	1 268 600	1 594 691	1 130 861
粮油物资储备支出	286 000	364 592	290 706
预备费			381 101
债务付息支出	285 400		300 125
其他支出	582 400	1 540 238	1 208 127
本年支出合计	46 773 000	56 753 109	48 671 085
上解中央支出	518 300		
计划单列市上解省支出			
增设预算周转金	1 200		
拨付债务转贷资金数			
债务转贷资金结余	1 600		
地方政府债券还本	360 000		
安排预算稳定调节基金	874 200		
调出资金	94 400		
援助其他地区支出			
年终结余	4 658 400		
支出总计	53 281 100		

4.3.2　政府性基金预算收支

2015－2016 年河北省政府性基金预算收支见表 4－18 和表 4－19。

表 4－18　　　　　　　　　　　河北省政府性基金预算收入　　　　　　　　　　单位:万元

科　目	2015 年	2016 年
港口建设费收入	77 926	74 000

科　目	2015 年	2016 年
散装水泥专项资金收入	4 290	2 900
新型墙体材料专项基金收入	40 615	24 000
新增建设用地土地有偿使用费收入	176 613	210 000
政府住房基金收入	259 964	
城市公用事业附加收入	134 461	131 000
国有土地收益基金收入	524 691	456 000
农业土地开发资金收入	76 794	67 000
国有土地使用权出让收入	10 045 667	10 410 000
彩票公益金收入	227 740	219 000
城市基础设施配套费收入	269 361	205 000
小型水库移民扶助基金收入	11 598	9 400
车辆通行费收入	1 669 188	1 720 000
无线电频率占用费收入	1 121	
水土保持补偿费收入	10 370	
彩票发行机构和彩票销售机构的业务费用		49 000
其他政府性基金收入	240 218	20 000
合　计	13 770 617	13 597 300

表 4—19　　　　　　　　　　　　河北省政府性基金支出　　　　　　　　　　单位:万元

科　目	2015 年	2016 年
一、社会保障和就业支出	99 057	70 070
大中型水库移民后期扶持基金支出	87 631	57 068
小型水库移民扶助基金支出	11 426	13 002
二、节能环保支出	58 962	
可再生能源电价附加收入安排的支出	58 962	
三、城乡社区支出	11 569 500	11 233 685
政府住房基金支出	221 084	
国有土地使用权出让收入安排的支出	10 124 940	10 061 256
城市公用事业附加安排的支出	119 882	138 526
国有土地收益基金支出	454 854	510 503
农业土地开发资金支出	24 985	73 094

续表

科　目	2015 年	2016 年
新增建设用地土地有偿使用费安排的支出	392 518	238 592
城市基础设施配套费安排的支出等其他城乡社区支出	231 236	211 714
四、农林水支出	21 672	
国家重大水利工程建设基金支出	18 215	
水土保持补偿费安排的支出	3 443	
新菜地开发建设基金支出	10	
大中型水库库区基金支出		
南水北调工程基金支出	4	
五、交通运输支出	1 716 346	1 833 852
港口建设费安排的支出	79 566	1 738 324
车辆通行费安排的支出	1 620 506	91 634
民航发展基金支出	16 274	3 894
六、资源勘探信息等支出	25 174	41 087
无线电频率占用费安排的支出	8 997	
散装水泥专项资金支出	2 559	4 500
新型墙体材料专项基金支出	13 618	36 587
七、其他支出	472 297	312 800
其他政府性基金及对应专项债务收入安排的支出	208 546	46 314
彩票发行销售机构业务费安排的支出		54 508
彩票公益金及对应专项债务收入安排的支出	263 751	211 978
合　计	13 963 008	13 491 494

4.3.3　国有资本经营预算收支

2015 年河北省国有资本经营预算收支见表 4—20。

表 4—20　　　　　　　**2015 年河北省国有资本经营预算收支**　　　　　　单位:万元

收　入		支　出	
科　目	金　额	科　目	金　额
一、利润收入	53 009	一、教育支出	33
二、股利、股息收入	40 419	国有经济结构调整支出	33
三、产权转让收入	19 149	二、科学技术支出	
四、清算收入	579	支持科技进步支出	

续表

收　入		支　出	
科　目	金　额	科　目	金　额
五、其他国有资本经营收入	64 534	三、文化体育与传媒支出	4 368
本年收入合计	177 690	国有经济结构调整支出	4 368
上年结转收入		其他国有资本经营预算支出	
		四、交通运输支出	8 019
		国有经济结构调整支出	8 019
		五、资源勘探信息等支出	27 396
		国有经济结构调整支出	27 396
		支持科技进步支出	
		改革成本支出	
		六、商业服务业等支出	3 060
		国有经济结构调整支出	3 000
		其他国有资本经营预算支出	60
		七、其他支出	83 547
		本年支出合计	126 423

2016 年河北省国有资本经营预算收支见表 4—21。

表 4—21　　　　　　　　**2016 年河北省国有资本经营预算收支**　　　　　　　　单位:万元

收　入		支　出	
科　目	金　额	科　目	金　额
一、利润收入	57 794	一、解决历史遗留问题及改革成本支出	30 830
二、股利、股息收入	7 776	二、国有企业资本金注入	38 294
三、产权转让收入	3 074	三、国有企业政策性补贴	1 500
四、清算收入		四、其他国有资本经营预算支出	2 825
五、其他国有资本经营收入	308	本年支出合计	73 449
本年收入合计	68 952	调入一般公共预算资金	14 123
上年结转收入	18 620		
总　　计	87 572	总　　计	87 572

4.3.4　社会保险基金预算收支

2015—2016 年河北省社会保险基金预算收支见表 4—22 和表 4—23。

表 4-22 河北省社会保险基金预算收入 单位:万元

科　目	2015 年	2016 年
一、基本养老保险基金收入	8 033 671	8 534 315
基本养老保险费收入	5 852 333	6 102 498
基本养老保险基金财政补贴收入	1 917 247	2 175 590
其他基本养老保险基金收入	264 091	256 227
二、失业保险基金收入	348 382	339 955
失业保险费收入	320 674	312 306
失业保险基金财政补贴收入		
其他失业保险基金收入	27 708	27 649
三、基本医疗保险基金收入	2 816 811	3 052 486
基本医疗保险费收入	2 737 119	2 953 562
基本医疗保险基金财政补贴收入	1 282	1 261
其他基本医疗保险基金收入	78 410	97 663
四、工伤保险基金收入	344 747	323 860
工伤保险费收入	340 071	319 843
工伤基金财政补贴收入	463	
其他工伤保险基金收入	4 213	4 017
五、生育保险基金收入	133 483	116 326
生育保险费收入	130 542	113 565
生育保险基金财政补贴收入		
其他生育保险基金收入	2 941	2 761
六、新型农村合作医疗基金收入	2 527 151	2 909 977
七、城镇居民基本医疗保险基金收入	322 756	347 236
八、城乡居民基本养老保险基金收入	1 373 605	1 436 106
九、其他社会保险基金收入	28 968	33 436
本年收入合计	15 929 574	17 093 697
使用历年结余	883 529	1 737 896
总　计	16 813 103	18 831 593

表 4-23 河北省社会保险基金预算支出 单位:万元

科　目	2015 年	2016 年
一、基本养老保险基金支出	8 917 200	10 211 552

续表

科　目	2015 年	2016 年
基本养老金	8 581 632	9 829 314
医疗补助金		
丧葬抚恤补助	253 202	291 833
其他基本养老保险基金支出	82 366	90 405
二、失业保险基金支出	326 855	396 961
失业保险金	81 458	97 513
医疗保险费	23 338	30 378
丧葬抚恤补助	10	110
职业培训和职业介绍补贴	2 824	5 253
其他失业保险基金支出	219 225	263 707
三、基本医疗保险基金支出	2 181 639	2 389 520
基本医疗保险统筹基金	1 236 497	1 368 940
医疗保险个人账户基金	944 544	1 020 197
其他基本医疗保险基金支出	598	383
四、工伤保险基金支出	312 827	315 426
工伤保险待遇	311 406	313 720
其他工伤保险基金支出	1 421	1 706
五、生育保险基金支出	103 339	119 979
生育保险金	102 961	119 852
其他生育保险基金支出	378	127
六、新型农村合作医疗基金支出	2 463 433	2 792 508
七、城镇居民基本医疗保险基金支出	251 189	277 476
八、城乡居民基本养老保险基金支出	981 692	1 043 020
九、其他社会保险基金支出	25 721	30 859
本年支出合计	15 563 895	17 577 301
预计新增结余	1 249 208	1 254 292
总　计	16 813 103	18 831 593

4.4 山西省财政概览

4.4.1 一般公共预算收支

2014—2016 年山西省一般公共预算收支见表 4—24 和表 4—25。

表 4—24　　　　　　　　　　　山西省一般公共预算收入　　　　　　　　单位:万元

科　目	2014 年	2015 年	2016 年
税收收入	11 343 400	10 564 600	
增值税	2 383 300	2 011 000	
营业税	3 458 200	2 998 100	
企业所得税	1 673 800	1 429 500	
个人所得税	472 000	362 500	
资源税	589 000	1 431 800	
城市维护建设税	672 600		
房产税	342 900		
印花税	222 500		
城镇土地使用税	404 000		
土地增值税	309 200		
车船税	142 200		
耕地占用税	203 000		
契税	468 200		
烟叶税	2 300		
其他税收收入	0		
非税收入	6 862 900	5 857 500	
专项收入	4 442 100	3 865 400	
行政事业性收费收入	975 600	763 600	
罚没收入	609 400	500 800	
国有资本经营收入	251 500		
国有资源(资产)有偿使用收入	341 600	533 500	
其他收入	242 700		
本年收入合计	18 206 400	16 422 100	15 280 000
中央税收返还及转移支付	12 973 300		
省补助计划单列市收入			

续表

科 目	2014 年	2015 年	2016 年
地方政府债券收入	1 050 000		
债务转贷收入			
债务转贷资金上年结余			
上年结余收入	3 889 700		
调入预算稳定调节基金	189 400		
调入资金	601 500		
接受其他地区援助收入			
收入总计	36 910 300		

表 4—25 山西省一般公共预算支出 单位:万元

科 目	2014 年	2015 年	2016 年
一般公共服务支出	2 379 400	2 492 900	2 391 300
外交支出			
国防支出	54 400		
公共安全支出	1 608 000	1 734 900	1 453 300
教育支出	5 072 800	6 047 400	5 878 700
科学技术支出	542 600	374 100	385 200
文化体育与传媒支出	639 500	763 800	639 700
社会保障和就业支出	4 507 200	5 337 500	4 639 600
医疗卫生与计划生育支出	2 439 400	2 905 000	2 431 600
节能环保支出	952 600	995 800	570 400
城乡社区支出	2 190 500	2 558 600	1 519 600
农林水支出	3 278 500	3 953 600	3 203 400
交通运输支出	1 703 500	2 184 500	1 147 700
资源勘探信息等支出	496 000	544 900	
商业服务业等支出	139 500	154 100	
金融支出	29 100		
援助其他地区支出	23 700		
国土海洋气象等支出	3 197 100	2 251 700	1 364 100
住房保障支出	933 800	1 267 400	506 900
粮油物资储备支出	190 700	206 800	
预备费			306 300

续表

科　目	2014 年	2015 年	2016 年
债务付息支出	93 000		
其他支出	381 300	551 100	526 900
本年支出合计	30 852 800	34 434 100	27 798 000
上解中央支出	246 900		
计划单列市上解省支出			
增设预算周转金	95 200		
拨付债务转贷资金数			
债务转贷资金结余			
地方政府债券还本	260 000		
安排预算稳定调节基金	1 557 200		
调出资金	43 200		
援助其他地区支出			
年终结余	3 854 900		
支出总计	36 910 300		

4.4.2　政府性基金预算收支

2014—2016 年山西省政府性基金预算收支见表 4—26。

表 4—26　　　　　　　　　　山西省政府性基金预算收支　　　　　　　　　单位:万元

科　目	2014 年	2015 年	2016 年
收入	9 445 500	5 240 800	4 592 800
支出	8 694 600	7 010 500	4 592 800

4.4.3　国有资本经营预算收支

2014—2016 年山西省国有资本经营预算收支见表 4—27。

表 4—27　　　　　　　　　　山西省国有资本经营预算收支　　　　　　　　单位:万元

科　目	2014 年	2015 年	2016 年
收入	48 000	71 200	38 700
支出	22 000	275 400	38 700

4.4.4　社会保险基金预算收支

2015—2016 年山西省社会保险基金预算收支见表 4—28。

表 4—28　　　　　　　　山西省社会保险基金预算收支　　　　　　单位:万元

科　目	2015 年	2016 年
收入	9 706 900	12 266 800
支出	9 189 400	12 122 100
当年收支结余	517 500	144 700

4.5　内蒙古自治区财政概览

4.5.1　一般公共预算收支

2014—2016 年内蒙古自治区一般公共预算收支见表 4—29 和表 4—30。

表 4—29　　　　　　　内蒙古自治区一般公共预算收入　　　　　　单位:万元

科　目	2014 年	2015 年	2016 年
税收收入	12 510 700		
增值税	1 740 200		
营业税	3 390 100		
企业所得税	1 096 400		
个人所得税	402 000		
资源税	726 900		
城市维护建设税	610 500		
房产税	383 900		
印花税	166 000		
城镇土地使用税	867 400		
土地增值税	512 900		
车船税	141 300		
耕地占用税	2 012 100		
契税	458 500		
烟叶税	2 700		
其他税收收入	0		
非税收入	5 926 000		
专项收入	1 625 100		
行政事业性收费收入	1 665 700		
罚没收入	415 400		

续表

科 目	2014 年	2015 年	2016 年
国有资本经营收入	1 038 600		
国有资源(资产)有偿使用收入	1 024 600		
其他收入	156 600		
本年收入合计	18 436 700	19 635 000	20 810 000
中央税收返还及转移支付	18 792 800	21 335 000	
省补助计划单列市收入	0		
地方政府债券收入	1 250 000		
债务转贷收入	0		
债务转贷资金上年结余	700		
上年结余收入	3 264 000		
调入预算稳定调节基金	738 900		
调入资金	711 900		
接受其他地区援助收入	0		
收入总计	43 195 000	57 525 000	

表 4—30　　　　　　　　　　内蒙古自治区一般公共预算支出　　　　　　　　　单位:万元

科 目	2014 年	2015 年	2016 年
一般公共服务支出	2 975 500		
外交支出	200		
国防支出	47 700		
公共安全支出	1 804 500		
教育支出	4 777 700		
科学技术支出	328 700		
文化体育与传媒支出	919 000		
社会保障和就业支出	5 317 600		
医疗卫生与计划生育支出	2 277 800		
节能环保支出	1 427 500		
城乡社区支出	5 403 000		
农林水支出	5 176 900		
交通运输支出	2 927 200		
资源勘探信息等支出	920 900		

续表

科　目	2014 年	2015 年	2016 年
商业服务业等支出	279 600		
金融支出	32 100		
援助其他地区支出	7 800		
国土海洋气象等支出	891 900		
住房保障支出	1 576 100		
粮油物资储备支出	762 300		
预备费	0		
债务付息支出	217 200		
其他支出	728 400		
本年支出合计	38 799 800	43 520 000	46 150 000
上解中央支出	83 100		
计划单列市上解省支出	0		
增设预算周转金	0		
拨付债务转贷资金数	0		
债务转贷资金结余	700		
地方政府债券还本	290 000		
安排预算稳定调节基金	501 900		
调出资金	0		
援助其他地区支出	1 000		
年终结余	3 518 500	3 544 000	
支出总计	43 195 000	57 525 000	

4.5.2　政府性基金预算收支

2014—2016 年内蒙古自治区政府性基金预算收支见表 4—31。

表 4—31　　　　　　　　　　内蒙古自治区政府性基金预算收支　　　　　　　　　　单位:万元

科　目	2014 年	2015 年	2016 年
收入	9 115 500	8 402 100	2 259 000
支出	6 296 400	6 995 600	2 259 000
调出资金			38 000
各类专项安排			2 221 000

4.5.3 国有资本经营预算收支

2014—2015 年内蒙古自治区国有资本经营预算收支见表4—32。

表 4—32　　　　　　内蒙古自治区国有资本经营预算收支　　　　　单位:万元

科　目	2014 年	2015 年
收入	51 300	61 100
支出	51 000	26 100

4.5.4 社会保险基金预算收支

2015—2016 年内蒙古自治区社会保险费收支简况见表4—33。

表 4—33　　　　　　　内蒙古自治区社会保险费收支简况　　　　　单位:万元

科　目	2015 年	2016 年
全区社会保险基金收入	8 671 000	11 482 000
保险费收入	6 124 000	8 121 000
财政补贴收入	2 209 000	3 121 000
利息收入等	338 000	240 000
全区社会保险基金支出	8 060 000	11 283 000
各险种待遇支出	7 946 000	
转移支出等	114 000	
全区社会保险基金当期结余	611 000	199 000

2016 年内蒙古自治区社会保险基金预算收支见表4—34。

表 4—34　　　　　2016 年内蒙古自治区社会保险基金预算收支　　　　　单位:万元

科　目	收入	支出	当期结余
一、企业职工基本养老保险基金	5 180 428	6 222 995	−1 042 567
二、机关事业单位基本养老保险基金	2 801 638	2 061 522	740 115
三、失业保险基金	220 803	171 950	48 852
四、城镇职工基本医疗保险基金	1 569 762	1 347 572	222 190
五、工伤保险基金	124 131	100 378	23 753
六、生育保险基金	68 351	60 348	8 003
七、城乡居民基本养老保险基金	491 347	394 836	96 511
八、城乡居民基本医疗保险基金	1 025 763	923 109	102 654
（一）城镇居民基本医疗保险基金	265 397	199 798	65 599
（二）新型农村合作医疗基金	760 366	723 311	37 055
合　计	11 482 222	11 282 711	199 511

4.6 辽宁省财政概览

4.6.1 一般公共预算收支

2014—2016 年辽宁省一般公共预算收支见表 4—35 和表 4—36。

表 4—35 辽宁省一般公共预算收入 单位:万元

科 目	2014 年	2015 年	2016 年
税收收入	23 305 700	16 502 000	17 056 000
增值税	2 913 300		
营业税	5 622 400		
企业所得税	2 521 000		
个人所得税	702 800		
资源税	1 021 400		
城市维护建设税	1 182 200		
房产税	822 000		
印花税	305 300		
城镇土地使用税	2 480 500		
土地增值税	1 775 700		
车船税	263 100		
耕地占用税	2 038 900		
契税	1 638 400		
烟叶税	14 700		
其他税收收入	4 000		
非税收入	8 622 100	4 754 000	4 832 000
专项收入	1 055 300		
行政事业性收费收入	1 824 600		
罚没收入	696 300		
国有资本经营收入	1 997 300		
国有资源(资产)有偿使用收入	2 574 600		
其他收入	473 900		
本年收入合计	31 927 800	21 256 000	21 888 000

续表

科　目	2014 年	2015 年	2016 年
中央税收返还及转移支付	17 812 300	19 107 000	14 960 000
省补助计划单列市收入			
地方政府债券收入	1 250 000	17 091 000	
债务转贷收入			
债务转贷资金上年结余	10 700		
上年结余收入	5 557 900	4 706 000	
调入预算稳定调节基金	1 756 800	2 722 000	3 411 000
调入资金	1 201 400	4 496 000	
接受其他地区援助收入	100		
收入总计	59 517 000	69 378 000	40 259 000

表 4—36　　　　　　　　　　　　　辽宁省一般公共预算支出　　　　　　　　　　　　单位：万元

科　目	2014 年	2015 年	2016 年
一般公共服务支出	43 629 000		
外交支出			
国防支出	1 197 000		
公共安全支出	23 567 000		
教育支出	60 449 000		
科学技术支出	10 882 000		
文化体育与传媒支出	9 260 000		
社会保障和就业支出	89 591 000		
医疗卫生与计划生育支出	27 361 000		
节能环保支出	10 610 000		
城乡社区支出	84 950 000		
农林水支出	44 385 000		
交通运输支出	31 089 000		
资源勘探信息等支出	22 532 000		
商业服务业等支出	5 934 000		
金融支出	389 000		
援助其他地区支出	1 145 000		
国土海洋气象等支出	7 292 000		

续表

科　目	2014 年	2015 年	2016 年
住房保障支出	17 433 000		
粮油物资储备支出	3 321 000		
预备费			
债务付息支出	4 135 000		
其他支出	8 898 000		
本年支出合计	508 049 000	461 780 000	390 150 000
上解中央支出	8 597 000	7 920 000	7 900 000
计划单列市上解省支出			
增设预算周转金			
拨付债务转贷资金数			
债务转贷资金结余	107 000		
地方政府债券还本	3 000 000	133 030 000	
安排预算稳定调节基金	27 185 000	34 110 000	4 540 000
调出资金	1 171 000	3 120 000	
援助其他地区支出	5 000	2 000	
年终结余	47 056 000	53 820 000	
支出总计	595 170 000	693 780 000	402 590 000

4.6.2 政府性基金预算收支

2015—2016 年辽宁省政府性基金预算收支见表 4—37。

表 4—37　　　　　　　　　　辽宁省政府性基金预算收支　　　　　　　　　单位:万元

科　目	2015 年	2016 年
基金收入	9 077 000	9 507 000
中央财政各项补助收入	325 000	116 000
债务收入	1 704 000	
上年结余收入	5 561 000	
调入资金	615 000	
总收入	17 282 000	9 623 000
基金支出	10 256 000	9 623 000
债务还本支出	1 570 000	
调出资金	3 285 000	

续表

科　目	2015 年	2016 年
结转下年支出	2 171 000	
总支出	17 282 000	9 623 000

4.6.3　国有资本经营预算收支

2014—2015 年辽宁省国有资本经营预算收支见表 4—38。

表 4—38　　　　　　　　　　　辽宁省国有资本经营预算收支　　　　　　　　　单位：万元

科　目	2014 年	2015 年
收入	35 000	179 200
支出	26 100	125 800

注：表中数据不含大连市。

4.6.4　社会保险基金预算收支

2015—2016 年辽宁省社会保险基金预算收支见表 4—39。

表 4—39　　　　　　　　　　　辽宁省社会保险基金预算收支　　　　　　　　　单位：万元

科　目	2015 年	2016 年
基金收入	21 305 000	25 307 000
基金支出	22 491 000	28 039 000
收支差额	−1 186 000	−2 732 000

4.7　吉林省财政概览

4.7.1　一般公共预算收支

2014—2016 年吉林省一般公共预算收支见表 4—40 和表 4—41。

表 4—40　　　　　　　　　　　吉林省一般公共预算收入　　　　　　　　　单位：万元

科　目	2014 年	2015 年	2016 年
税收收入	8 844 000	8 670 600	8 847 400
增值税	1 397 800	1 344 100	1 373 000
营业税	2 287 800	2 420 500	2 488 900
企业所得税	1 432 200	1 348 800	1 363 900
个人所得税	349 200	341 100	364 300

科 目	2014 年	2015 年	2016 年
资源税	133 900	100 000	100 300
城市维护建设税	596 700	631 300	657 000
房产税	239 600	276 100	291 700
印花税	118 800	104 600	110 200
城镇土地使用税	330 700	306 000	325 200
土地增值税	484 700	361 500	368 500
车船税	111 300	130 800	149 900
耕地占用税	569 800	632 100	601 500
契税	780 000	663 500	643 200
烟叶税等其他税收收入	11 400	10 200	9 800
非税收入	3 189 800	3 622 300	3 691 400
专项收入	476 300	941 100	918 400
行政事业性收费收入	863 700	777 900	750 000
罚没收入	345 700	313 300	310 000
国有资本经营收入	240 300	280 200	453 100
国有资源(资产)有偿使用收入	1 129 600	1 221 000	1 078 000
政府住房基金收入			82 000
其他收入	134 100	88 800	70 000
本年收入合计	12 033 800	12 292 900	12 538 800
中央税收返还及转移支付	16 023 500	17 355 400	13 830 400
省补助计划单列市收入			
地方政府新增债券收入	1 210 000	1 520 000	
地方政府置换债务收入		3 975 400	
债务转贷收入			
债务转贷资金上年结余	3 800	2 900	
上年结余收入	2 203 300	2 124 400	650
调入预算稳定调节基金	175 100	471 000	1 458 000
调入资金	522 600	2 599 300	956 700
接受其他地区援助收入			
收入总计	32 172 000	40 341 200	28 784 600

表 4—41 　　　　　　　　　　　吉林省一般公共预算支出 　　　　　　　　　　　单位：万元

科　目	2014 年	2015 年	2016 年
一般公共服务支出	2 535 000	2 471 300	2 483 400
外交支出			
国防支出	51 800	53 900	54 200
公共安全支出	1 546 300	1 688 700	1 598 800
教育支出	4 071 000	4 775 700	4 735 900
科学技术支出	364 500	413 900	388 600
文化体育与传媒支出	611 600	730 100	623 600
社会保障和就业支出	3 902 000	4 622 800	4 211 300
医疗卫生与计划生育支出	2 064 400	2 458 100	2 388 700
节能环保支出	1 403 000	1 177 000	405 800
城乡社区支出	2 732 900	3 418 600	2 809 800
农林水支出	3 086 800	4 086 100	2 863 800
交通运输支出	2 291 100	1 918 300	1 436 200
资源勘探信息等支出	995 800	1 272 600	921 300
商业服务业等支出	283 000	286 800	191 900
金融支出	186 200	55 400	405 400
援助其他地区支出	25 900	26 700	27 200
国土海洋气象等支出	297 700	387 000	387 000
住房保障支出	1 373 000	1 359 100	942 600
粮油物资储备支出	552 800	492 900	304 800
预备费			284 000
债务付息支出	601 200		
其他支出	156 600	476 000	907 900
本年支出合计	29 132 500	32 171 000	28 375 300
上解中央支出	51 600	53 200	53 200
计划单列市上解省支出			
增设预算周转金			
拨付债务转贷资金数	900		
债务转贷资金结余	2 900	2 900	
地方政府债券还本	310 000	4 209 800	

续表

科 目	2014 年	2015 年	2016 年
安排预算稳定调节基金	471 000	1 458 000	356 100
调出资金	78 300		
援助其他地区支出	500		
结转下年支出		2 445 700	
年终结余	2 124 400	650	
支出总计	32 172 000	40 341 200	28 784 600

4.7.2 政府性基金预算收支

2015—2016 年吉林省政府性基金预算收支见表 4—42 和表 4—43。

表 4—42　　　　　　　　吉林省政府性基金预算收入　　　　　　单位：万元

科 目	2015 年	2016 年
一、本年基金收入合计	3 671 500	3 620 900
农网还贷资金收入	10 600	10 600
散装水泥专项资金收入	2 900	2 900
新型墙体材料专项基金收入	10 200	11 200
新菜地开发建设基金收入	7 000	8 000
新增建设用地土地有偿使用费收入	109 600	109 200
政府住房基金收入	87 500	
无线电频率占用费收入	200	
水土保持补偿费收入	3 500	
城市公用事业附加收入	15 000	16 000
国有土地收益基金收入	50 600	51 900
农业土地开发资金收入	24 900	25 300
国有土地使用权出让收入	2 594 100	2 622 700
大中型水库库区基金收入	2 700	3 000
彩票公益金收入	105 700	109 900
城市基础设施配套费收入	194 300	211 800
污水处理费收入	22 600	23 200
小型水库移民扶助基金收入	1 600	1 600
国家重大水利工程建设基金收入	17 800	19 500
车辆通行费	344 800	352 400

续表

科 目	2015 年	2016 年
彩票发行机构和彩票销售机构的业务费用	42 300	22 900
其他政府性基金收入	23 600	18 700
二、转移性收入		1 495 700
上年结余收入		1 446 900
中央税收返还及转移支付		48 800
政府性基金收入总计		5 116 600

表 4－43 吉林省政府性基金预算支出 单位:万元

科 目	2015 年	2016 年
一、本年基金支出合计	4 426 700	4 072 300
文化体育与传媒支出	3 300	600
社会保障和就业支出	119 500	74 100
城乡社区支出	3 651 000	3 380 100
农林水支出	65 700	60 000
交通运输支出	368 000	343 700
资源勘探信息等支出	27 100	26 000
商业服务业等支出	1 700	
其他支出	190 300	187 800
二、转移性支出		1 044 300
调出资金		542 500
年终结余		501 800
政府性基金支出总计		5 116 600

4.7.3 国有资本经营预算收支

2015－2016 年吉林省国有资本经营预算收支见表 4－44 和表 4－45。

表 4－44 吉林省国有资本经营预算收入 单位:万元

科 目	2015 年	2016 年
一、本年国有资本经营收入合计	30 200	32 700
(一)利润收入	19 400	21 800
金融企业利润收入	10 400	14 800
机械企业利润收入	1 000	0

续表

科　目	2015 年	2016 年
投资服务企业利润收入	1 000	2 100
教育文化广播企业利润收入	2 900	3 500
其他国有资本经营预算企业利润收入	4 100	1 400
（二）股利、股息收入	10 800	10 900
国有控股公司股利、股息收入	9 700	9 800
国有参股公司股利、股息收入	1 100	1 100
二、转移性收入		8 200
上年结余收入		8 200
国有资本经营收入总计		40 900

表 4-45　　　　　　　　　　吉林省国有资本经营预算支出　　　　　　　　　　单位：万元

科　目	2015 年	2016 年
一、本年国有资本经营支出合计	23 200	36 400
（一）解决历史遗留问题及改革成本支出	4 100	6 600
国有企业改革成本支出	2 600	6 400
其他解决历史遗留问题及改革成本支出	1 500	200
（二）国有企业资本金注入	14 100	21 100
国有经济结构调整支出	2 700	8 400
公益性设施投资支出	4 900	800
前瞻性战略性产业发展支出	1 500	700
生态环境保护支出	900	1 000
支持科技进少支出	4 000	4 400
其他国有企业资本金注入	100	5 800
（三）金融国有资本经营预算支出	5 000	4 000
资本性支出	5 000	4 000
（四）其他支出		4 700
其他国有资本经营预算支出		4 700
二、转移性支出		4 500
调出资金		4 500
国有资本经营支出总计		40 900

4.7.4 社会保险基金预算收支

2015－2016年吉林省社会保险基金预算收支见表4－46和表4－47。

表4－46　　　　　　　　　　　吉林省社会保险基金预算收入　　　　　　　　　　单位:万元

科　目	2015 年	2016 年
一、企业职工基本养老保险基金收入	5 552 300	5 602 100
保险费收入	3 598 600	3 680 000
财政补贴收入	1 836 700	1 814 700
利息收入	75 200	60 200
二、失业保险基金收入	238 100	201 800
保险费收入	225 400	187 800
财政补贴收入	0	0
利息收入	6 500	6 600
三、城镇职工基本医疗保险基金收入	11 500	1 267 100
保险费收入	1 091 800	1 227 500
财政补贴收入	32 000	11 800
利息收入	35 400	27 300
四、工伤保险基金收入	150 500	135 800
保险费收入	139 800	125 800
财政补贴收入	7 100	6 200
利息收入	3 000	3 200
五、生育保险基金收入	56 400	60 400
保险费收入	55 000	58 500
财政补贴收入	0	0
利息收入	1 400	1 900
六、城乡居民社会养老保险基金收入	296 100	344 700
保险费收入	56 500	51 400
财政补贴收入	233 700	287 700
利息收入	5 900	5 600
七、机关事业单位养老保险基金收入		1 673 900
保险费收入		820 100
财政补贴收入		842 800
利息收入		11 000

续表

科　目	2015 年	2016 年
八、居民基本医疗保险基金收入	895 000	1 016 300
保险费收入	182 800	230 300
财政补贴收入	702 500	775 700
利息收入	9 500	10 200
（一）城镇居民基本医疗保险基金收入	290 700	320 900
保险费收入	56 300	65 100
财政补贴收入	227 000	248 000
利息收入	7 300	7 800
（二）新型农村合作医疗基金收入	604 300	695 400
保险费收入	126 500	165 200
财政补贴收入	475 500	527 700
利息收入	2 200	2 400
全省社会保险基金收入合计	8 348 000	10 302 100
保险费收入	5 349 900	6 381 400
财政补贴收入	2 812 000	3 738 900
利息收入	136 900	126 000

表 4—47　　　　　　　　　　吉林省社会保险基金预算支出　　　　　　　　　　单位:万元

科　目	2015 年	2016 年
一、企业职工基本养老保险基金支出	6 158 200	6 718 700
其中:基本养老金支出	6 004 600	6 553 300
二、失业保险基金支出	135 800	199 100
其中:失业保险金支出	37 600	60 900
三、城镇职工基本医疗保险基金支出	994 200	1 078 500
其中:基本医疗保险待遇支出	993 000	1 077 200
四、工伤保险基金支出	95 300	103 200
其中:工伤保险待遇支出	94 600	102 400
五、生育保险基金支出	41 600	45 300
其中:生育保险待遇支出	41 600	45 300
六、城乡居民社会养老保险基金支出	264 800	289 600
其中:基本养老金支出	256 900	278 800

续表

科　目	2015 年	2016 年
七、机关事业单位养老保险基金支出		1 663 900
其中:基本养老金支出		1 663 900
八、居民基本医疗保险基金支出	820 800	945 700
其中:基本医疗保险待遇支出	765 400	877 900
(一)城镇居民基本医疗保险基金支出	247 100	267 300
其中:基本医疗保险待遇支出	229 500	247 900
(二)新型农村合作医疗基金支出	573 700	678 400
其中:基本医疗保险待遇支出	535 900	630 000
全省社会保险基金支出合计	8 510 700	11 044 000
其中:社会保险待遇支出	8 193 700	10 660 200
全省社会保险基金本年结余	−162 700	−741 900

4.8　黑龙江省财政概览

4.8.1　一般公共预算收支

2014—2016 年黑龙江省一般公共预算收支见表 4—48 和表 4—49。

表 4—48　　　　　　　　　黑龙江省一般公共预算收入　　　　　　　　单位:万元

科　目	2014 年	2015 年	2016 年
税收收入	9 774 000		8 962 823
增值税	1 688 900	1 294 000	1 250 649
营业税	2 505 100	2 570 000	2 711 740
企业所得税	1 032 200	999 000	1 030 686
个人所得税	369 800	356 000	370 581
资源税	1 083 300	537 000	428 719
城市维护建设税	593 800		561 487
房产税	276 200		310 751
印花税	125 000		103 754
城镇土地使用税	496 500		728 324
土地增值税	654 000		661 584

续表

科　目	2014 年	2015 年	2016 年
车船税	140 000		163 618
耕地占用税	227 400		168 347
契税	550 500		456 595
烟叶税	31 400		15 988
其他税收收入			
非税收入	3 239 200		2 896 025
专项收入	479 100	765 000	716 975
行政事业性收费收入	782 300	693 000	630 486
罚没收入	429 800	386 000	385 093
国有资本经营收入	342 700	245 000	269 570
国有资源(资产)有偿使用收入	1 001 700	707 000	675 144
政府住房基金收入			163 388
其他收入	203 700	61 000	55 369
本年收入合计	13 013 100		11 858 848
中央税收返还及转移支付	22 499 700		
省补助计划单列市收入			
地方政府债券收入	1 260 000		
债务转贷收入			
债务转贷资金上年结余	100		
上年结余收入	5 552 100		
调入预算稳定调节基金	1 500		
调入资金	194 700		
接受其他地区援助收入			
收入总计	42 521 300		

表 4—49　　　　黑龙江省一般公共预算支出　　　　单位:万元

科　目	2014 年	2015 年	2016 年
一般公共服务支出	2 562 000	2 427 000	2 263 505
外交支出			
国防支出	48 800		55 086
公共安全支出	1 707 700		

续表

科　目	2014 年	2015 年	2016 年
教育支出	5 059 400	5 497 000	5 274 702
科学技术支出	394 600	429 000	374 956
文化体育与传媒支出	456 300	532 000	398 430
社会保障和就业支出	6 026 800	7 289 000	6 058 392
医疗卫生与计划生育支出	2 353 100	2 744 000	2 350 140
节能环保支出	1 115 700	1 555 000	1 021 939
城乡社区支出	3 321 100	3 504 000	2 543 255
农林水支出	4 876 700	6 814 000	4 141 205
交通运输支出	2 369 700	2 725 000	1 813 669
资源勘探信息等支出	913 400	1 070 000	659 854
商业服务业等支出	214 500		212 636
金融支出	11 500		6 846
援助其他地区支出	27 500		29 200
国土海洋气象等支出	328 100		293 158
住房保障支出	1 471 900	2 123 000	998 188
粮油物资储备支出	716 400	659 000	519 444
预备费			376 073
债务付息支出	131 000		172 337
其他支出	236 200		973 116
本年支出合计	34 342 200		32 120 797
上解中央支出	276 800		
计划单列市上解省支出			
增设预算周转金	200		
拨付债务转贷资金数	100		
债务转贷资金结余			
地方政府债券还本	340 000		
安排预算稳定调节基金	865 500		
调出资金	5 500		
援助其他地区支出			
年终结余	6 690 900		
支出总计	42 521 300		

4.8.2 政府性基金预算收支

2016年黑龙江省政府性基金预算收支见表4-50。

表4-50   **2016年黑龙江省政府性基金预算收支**   单位:万元

收　入		支　出	
科　目	金　额	科　目	金　额
港口建设费收入		文化体育与传媒支出	2 700
散装水泥专项资金收入	2 587	国家电影事业发展专项资金及对应专项债务收入安排的支出	2 700
新型墙体材料专项基金收入	7 819	社会保障和就业支出	26 983
新菜地开发建设基金收入		大中型水库移民后期扶持基金支出	23 888
新增建设用地土地有偿使用费收入	113 250	小型水库移民扶助基金及对应专项债务收入安排的支出	3 095
城市公用事业附加收入	29 716	城乡社区支出	2 344 538
国有土地收益基金收入	86 470	国有土地使用权出让收入及对应专项债务收入安排的支出	1 838 787
农业土地开发资金收入	19 101	城市公用事业附加及对应专项债务收入安排的支出	29 231
国有土地使用权出让收入	1 850 189	国有土地收益基金及对应专项债务收入安排的支出	88 188
大中型水库库区基金收入	1 035	农业土地开发资金及对应专项债务收入安排的支出	17 872
彩票公益金收入	144 272	新增建设用地土地有偿使用费及对应专项债务收入安排的支出	113 050
城市基础设施配套费收入	219 634	城市基础设施配套费及对应专项债务收入安排的支出	220 069
小型水库移民扶助基金收入	2 250	污水处理费及对应专项债务收入安排的支出	37 341
国家重大水利工程建设基金收入	21 000	农林水支出	23 257
车辆通行费	426 450	新菜地开发建设基金及对应专项债务收入安排的支出	
污水处理费收入	37 347	大中型水库库区基金及对应专项债务收入安排的支出	2 257
其他政府性基金收入	9 670	国家重大水利工程建设基金及对应专项债务收入安排的支出	21 000
彩票发行机构和销售机构业务费用	37 140	交通运输支出	437 145
		车辆通行费及对应专项债务收入安排的支出	426 450

续表

收　入		支　出	
科　目	金　额	科　目	金　额
		港口建设费及对应专项债务收入安排的支出	3 600
		民航发展基金支出	7 095
		资源勘探信息等支出	10 306
		散装水泥专项资金及对应专项债务收入安排的支出	2 587
		新型墙体材料专项基金及对应专项债务收入安排的支出	7 719
		其他支出	191 442
		其他政府性基金及对应专项债务收入安排的支出	4 860
		彩票发行销售机构业务费安排的支出	43 986
		彩票公益金及对应专项债务收入安排的支出	142 596
本年收入合计	3 007 930	本年支出合计	3 036 371

4.8.3　国有资本经营预算收支

2016 年黑龙江省国有资本经营预算收支见表 4－51。

表 4－51　　　　　　　　**2016 年黑龙江省国有资本经营预算收支**　　　　　　　　单位:万元

收　入		支　出	
科　目	金　额	科　目	金　额
利润收入	29 743	解决历史遗留问题及改革成本支出	9 373
股利、股息收入	6 105	厂办大集体改革支出	302
产权转让收入		"三供一业"移交补助支出	73
清算收入		国有企业办职教幼教补助支出	2 225
其他国有资本经营收入	33	国有企业改革成本支出	2 418
		其他解决历史遗留问题及改革成本支出	4 355
		国有企业资本金注入	24 726
		国有经济结构调整支出	22 701
		公益性设施投资支出	
		前瞻性战略性产业发展支出	

续表

收 入		支 出	
科　目	金　额	科　目	金　额
		生态环境保护支出	851
		支持科技进步支出	620
		其他国有企业资本金注入	554
		国有企业政策性补贴	
		金融国有资本经营预算支出	
		其他国有资本经营预算支出	1 781
本年收入合计	35 880	本年支出合计	35 880

4.8.4　社会保险基金预算收支

黑龙江省未公布全省社会保险基金预算收支数据。

4.9　上海市财政概览

4.9.1　一般公共预算收支

2014—2016 年上海市一般公共预算收支见表 4—52 和表 4—53。

表 4—52　　　　　　　　　　　上海市一般公共预算收入　　　　　　　　　　单位:万元

科　目	2014 年	2015 年	2016 年
税收收入	42 190 500	48 582 000	52 250 000
增值税	9 691 400	10 128 000	10 920 000
营业税	10 019 200	12 155 000	13 110 000
企业所得税	9 424 600	11 041 000	12 200 000
个人所得税	4 086 100	4 876 000	5 550 000
资源税			
城市维护建设税	1 772 400	2 213 000	2 300 000
房产税	999 500	1 238 000	1 300 000
印花税	709 900	1 030 000	670 000
城镇土地使用税	346 900	374 000	397 000
土地增值税	2 661 800	2 533 000	2 700 000
车船税	190 500	211 000	220 000

续表

科 目	2014 年	2015 年	2016 年
耕地占用税	144 800	73 000	73 000
契税	2 143 300	2 710 000	2 810 000
烟叶税			
其他税收收入	200		
非税收入	3 665 000	6 613 000	6 800 000
专项收入	1 246 000	3 249 000	3 563 000
行政事业性收费收入	1 142 300	1 274 000	1 310 000
罚没收入	279 600		
国有资本经营收入	—10 800		
国有资源(资产)有偿使用收入	877 200	1 633 000	1 457 000
政府住房基金收入			13 000
其他收入	130 900	457 000	457 000
本年收入合计	45 855 500	55 195 000	59 050 000
中央财政税收返还和补助收入	6 243 300	6 493 000	5 390 000
省补助计划单列市收入			
地方政府债券收入	1 260 000	8 010 000	
债务转贷收入			
债务转贷资金上年结余	6 600		
上年结余收入	1 294 300	502 000	966 000
调入预算稳定调节基金	83 300	2 195 000	2 930 000
调入资金	220 200	7 231 000	646 000
接受其他地区援助收入			
动用历年结余		410 000	
收入总计	54 963 100	80 036 000	68 982 000

表 4—53　　　　　　　　　　　上海市一般公共预算支出　　　　　　　　　　单位:万元

科 目	2014 年	2015 年	2016 年
一般公共服务支出	2 488 400	2 619 000	3 047 000
外交支出			
国防支出	65 700	68 000	101 000
公共安全支出	2 509 100	2 754 000	3 178 000

科　目	2014 年	2015 年	2016 年
教育支出	6 956 300	7 954 000	9 399 000
科学技术支出	2 622 900	2 719 000	3 128 000
文化体育与传媒支出	863 800	1 083 000	1 167 000
社会保障和就业支出	4 981 300	5 432 000	6 954 000
医疗卫生与计划生育支出	2 647 500	3 146 000	3 679 000
节能环保支出	773 200	1 136 000	1 369 000
城乡社区支出	8 012 900	16 483 000	14 508 000
农林水支出	2 023 400	2 791 000	2 997 000
交通运输支出	1 572 000	5 979 000	4 140 000
资源勘探信息等支出	4 682 000	5 391 000	5 937 000
商业服务业等支出	791 000	869 000	1 097 000
金融支出	152 000	179 000	245 000
援助其他地区支出	292 900	334 000	351 000
国土海洋气象等支出	164 300	480 000	456 000
住房保障支出	1 193 000	1 234 000	1 248 000
粮油物资储备支出	154 100	178 000	167 000
预备费			1 990 000
债务付息支出	114 500	144 000	419 000
债务发行费用支出		8 000	10 000
其他支出	6 174 200	935 000	1 033 000
本年支出合计	49 234 400	61 916 000	66 620 000
上解中央支出	1 943 400	2 065 000	2 012 000
计划单列市上解省支出			
增设预算周转金		478 000	
拨付债务转贷资金数			
债务转贷资金结余	6 600		
地方政府债券还本	360 000	6 490 000	350 000
安排预算稳定调节基金	1 605 700	8 121 000	
调出资金	285 900		
援助其他地区支出			

续表

科　目	2014 年	2015 年	2016 年
年终结余	1 527 200	966 000	
支出总计	54 963 100	80 036 000	68 982 000

4.9.2　政府性基金预算收支

2015－2016 年上海市政府性基金预算收支见表 4－54 和表 4－55。

表 4－54　　　　　　　　　　　上海市政府性基金预算收入　　　　　　　　　单位:万元

科　目	2015 年	2016 年
新增建设用地土地有偿使用费收入	123 000	70 000
城市公用事业附加收入	279 000	279 000
国有土地使用权出让收入	21 058 000	19 356 000
国有土地收益基金收入	677 000	447 000
农业土地开发资金收入	12 000	14 000
彩票公益金收入	119 000	138 000
城市基础设施配套费收入	629 000	496 000
车辆通行费收入	131 000	138 000
港口建设费收入	27 000	25 000
彩票发行销售机构业务费收入	25 000	29 000
污水处理费收入		253 000
其他政府性基金收入	42 000	42 000
政府性基金收入合计	23 122 000	21 287 000
中央财政对本市政府性基金补助收入	188 000	84 000
动用上年结转收入	8 253 000	2 504 000
地方政府专项债务收入	4 110 000	
调入资金	114 000	
总　　计	35 787 000	23 875 000

表 4－55　　　　　　　　　　　上海市政府性基金预算支出　　　　　　　　　单位:万元

科　目	2015 年	2016 年
新增建设用地土地有偿使用费支出	395 000	209 000
城市公用事业附加支出	296 000	300 000
国有土地使用权出让支出	19 459 000	18 919 000

科　目	2015 年	2016 年
国有土地收益基金支出	778 000	465 000
农业土地开发资金支出	14 000	13 000
彩票公益金支出	133 000	134 000
城市基础设施配套费支出	421 000	598 000
车辆通行费支出	148 000	150 000
港口建设费支出	33 000	93 000
彩票发行销售机构业务费支出	23 000	26 000
污水处理费支出	0	253 000
其他政府性基金支出	149 000	25 000
政府性基金支出合计	21 849 000	21 185 000
地方政府专项债务还本支出	3 780 000	
调出资金	7 050 000	484 000
结转下年支出	3 108 000	2 206 000
总　计	35 787 000	23 875 000

4.9.3　国有资本经营预算收支

2015—2016 年上海市国有资本经营预算收支见表 4—56。

表 4—56　　　　　　　　　**上海市国有资本经营预算收支**　　　　　　单位:万元

科　目	2015 年	2016 年
收入	11 030 000	8 530 000
上年结转收入	350 000	3 230 000
收入总计	11 380 000	11 760 000
支出	8 150 000	
结转下年支出	3 230 000	
支出总计	11 380 000	11 760 000

4.9.4　社会保险基金预算收支

2015—2016 年上海市社会保险基金预算收支见表 4—57 和表 4—58。

表 4—57　　　　　　　　　**上海市社会保险基金预算收入**　　　　　　单位:万元

科　目	2015 年	2016 年
社会保险基金收入	32 782 000	35 289 000
企业职工基本养老保险基金收入	16 537 000	18 597 000

续表

科　目	2015 年	2016 年
企业职工基本养老保险费收入	16 156 000	18 020 000
企业职工基本养老保险基金财政补贴收入	90 000	100 000
其他企业职工基本养老保险基金收入	291 000	477 000
机关事业单位基本养老保险基金收入	4 819 000	3 838 000
机关事业单位基本养老保险费收入	1 825 000	1 835 000
机关事业单位基本养老保险基金财政补贴收入	2 972 000	2 000 000
其他机关事业单位基本养老保险基金收入	22 000	3 000
失业保险基金收入	943 000	1 067 000
失业保险费收入	927 000	1 021 000
失业保险基金财政补贴收入	0	0
其他失业保险基金收入	16 000	46 000
基本医疗保险基金收入	7 476 000	8 414 000
基本医疗保险费收入	7 315 000	8 118 000
基本医疗保险基金财政补贴收入	36 000	36 000
其他基本医疗保险基金收入	125 000	260 000
工伤保险基金收入	361 000	414 000
工伤保险费收入	353 000	398 000
工伤保险基金财政补贴收入	0	0
其他工伤保险基金收入	8 000	16 000
生育保险基金收入	490 000	540 000
生育保险费收入	489 000	539 000
生育保险基金财政补贴收入	0	0
其他生育保险基金收入	1 000	1 000
城乡居民基本医疗保险基金收入	442 000	529 000
城乡居民基本医疗保险费收入	67 000	62 000
城乡居民基本医疗保险基金财政补贴收入	368 000	457 000
其他城乡居民基本医疗保险基金收入	7 000	10 000
城乡居民基本养老保险基金收入	472 000	566 000
城乡居民基本养老保险费收入	29 000	27 000
城乡居民基本养老保险基金财政补贴收入	429 000	523 000

科　目	2015 年	2016 年
其他城乡居民基本养老保险基金收入	14 000	16 000
小城镇基本养老保险基金收入	1 015 000	1 039 000
小城镇基本养老保险费收入	452 000	412 000
小城镇基本养老保险基金财政补贴收入	500 000	500 000
其他小城镇基本养老保险基金收入	63 000	127 000
小城镇基本医疗保险基金收入	227 000	285 000
小城镇基本医疗保险费收入	180 000	165 000
小城镇基本医疗保险基金财政补贴收入	26 000	69 000
其他小城镇基本医疗保险基金收入	21 000	51 000

表 4—58　　　　　　　　　**上海市社会保险基金预算支出**　　　　　　　　　单位:万元

科　目	2015 年	2016 年
社会保险基金支出	28 484 000	30 766 000
企业职工基本养老保险基金支出	14 746 000	16 745 000
企业职工基本养老金	14 278 000	16 238 000
医疗补助金		
丧葬抚恤补助	167 000	151 000
其他企业职工基本养老保险基金支出	301 000	356 000
机关事业单位基本养老保险基金支出	4 786 000	3 799 000
机关事业单位基本养老金	4 774 000	3 790 000
医疗补助金		
丧葬抚恤补助		
其他机关事业单位基本养老保险基金支出	12 000	9 000
失业保险基金支出	899 000	1 052 000
失业保险金	163 000	191 000
医疗保险费	55 000	59 000
丧葬抚恤补助	1 000	1 000
职业培训和职业介绍补贴	669 000	788 000
其他失业保险基金支出	11 000	13 000
基本医疗保险基金支出	5 304 000	5 940 000
医疗保险待遇支出	5 300 000	5 935 000

续表

科　目	2015 年	2016 年
其他基本医疗保险基金支出	4 000	5 000
工伤保险基金支出	318 000	367 000
工伤保险待遇	316 000	365 000
其他工伤保险基金支出	2 000	2 000
生育保险基金支出	420 000	468 000
生育保险金	420 000	468 000
其他生育保险基金支出		
城乡居民基本医疗保险基金支出	469 000	502 000
医疗保险待遇支出	458 000	490 000
其他城乡居民基本医疗保险基金支出	11 000	12 000
城乡居民基本养老保险基金支出	478 000	555 000
养老保险待遇支出	467 000	544 000
其他城乡居民基本养老保险基金支出	11 000	11 000
小城镇基本养老保险基金支出	903 000	1 113 000
养老保险待遇支出	851 000	1 010 000
其他小城镇基本养老保险基金支出	52 000	103 000
小城镇基本医疗保险基金支出	161 000	225 000
医疗保险待遇支出	161 000	225 000
其他小城镇基本医疗保险基金支出		

2015－2016 年上海市社会保险基金结余见表 4－59。

表 4－59　　　　　　　　　　　　上海市社会保险基金结余　　　　　　　　　　　　单位:万元

科　目	2015 年	2016 年
社会保险基金本年收支结余	4 298 000	4 523 000
社会保险基金年末累计结余	30 224 000	34 747 000
企业职工基本养老保险基金本年收支结余	1 791 000	1 852 000
企业职工基本养老保险基金年末累计结余	11 096 000	12 948 000
机关事业单位基本养老保险基金本年收支结余	33 000	39 000
机关事业单位基本养老保险基金年末累计结余	16 000	55 000
失业保险基金本年收支结余	44 000	15 000

续表

科　目	2015 年	2016 年
失业保险基金年末累计结余	1 614 000	1 629 000
基本医疗保险基金本年收支结余	2 172 000	2 474 000
基本医疗保险基金年末累计结余	10 933 000	13 407 000
工伤保险基金本年收支结余	43 000	47 000
工伤保险基金年末累计结余	564 000	611 000
生育保险基金本年收支结余	70 000	72 000
生育保险基金年末累计结余	137 000	209 000
城乡居民基本医疗保险基金本年收支结余	−27 000	27 000
城乡居民基本医疗保险基金年末累计结余	76 000	103 000
城乡居民基本养老保险基金本年收支结余	−6 000	11 000
城乡居民基本养老保险基金年末累计结余	736 000	747 000
小城镇基本养老保险基金本年收支结余	112 000	−74 000
小城镇基本养老保险基金年末累计结余	3 425 000	3 351 000
小城镇基本医疗保险基金本年收支结余	66 000	60 000
小城镇基本医疗保险基金年末累计结余	1 627 000	1 687 000

4.10　江苏省财政概览

4.10.1　一般公共预算收支

2014—2016 年江苏省一般公共预算收支见表 4−60 和表 4−61。

表 4−60　　　　　　　　　　江苏省一般公共预算收入　　　　　　　　　单位：万元

科　目	2014 年	2015 年	2016 年
税收收入	60 060 500	66 101 160	71 530 000
增值税	9 875 400	8 212 703	8 500 000
改征增值税收入		2 256 446	2 500 000
营业税	20 846 600	24 428 159	27 400 000
企业所得税	8 210 400	9 175 795	9 900 000
个人所得税	3 063 300	3 608 897	4 000 000
资源税	253 300		
城市维护建设税	3 761 500	4 214 595	4 650 000

续表

科　目	2014 年	2015 年	2016 年
房产税	2 287 300	2 480 079	2 650 000
印花税	819 700		
城镇土地使用税	1 760 600	1 800 627	1 900 000
土地增值税	4 448 900	4 370 105	4 400 000
车船税	369 100		
耕地占用税	347 400		
契税	4 016 900	3 701 111	3 700 000
烟叶税			
其他税收收入		1 852 643	1 930 000
非税收入	12 271 000	14 184 701	15 170 000
专项收入	2 093 300	4 636 427	5 050 000
行政事业性收费收入	4 265 200	3 900 058	3 780 000
罚没收入	1 206 300	1 316 607	1 400 000
国有资本经营收入	2 423 400		
国有资源(资产)有偿使用收入	1 866 300	3 651 694	4 230 000
其他收入	416 400	679 915	710 000
本年收入合计	72 331 400	80 285 861	86 700 000
中央税收返还及转移支付	13 394 500	14 255 813	14 575 397
省补助计划单列市收入			
地方政府债券收入	1 740 000	22 306 856	24 153 800
债务转贷收入			
债务转贷资金上年结余	4 400		
上年结余收入	7 542 000	7 665 540	6 811 318
调入预算稳定调节基金	156 700		
调入资金	1 208 200	5 211 272	3 000 000
接受其他地区援助收入	0		
收入总计	96 377 100	129 725 342	135 240 515

表 4-61　　　　　　　　　　江苏省一般公共预算支出　　　　　　　　　　单位:万元

科　目	2014 年	2015 年	2016 年
一般公共服务支出	8 567 000	8 677 258	8 757 384
外交支出			

续表

科　目	2014 年	2015 年	2016 年
国防支出	220 000		
公共安全支出	4 738 300	5 169 937	5 575 630
教育支出	15 048 600	17 187 978	18 763 104
科学技术支出	3 271 000	3 655 416	4 020 541
文化体育与传媒支出	1 908 600	1 889 539	2 064 770
社会保障和就业支出	7 095 900	8 358 647	9 188 799
医疗卫生与计划生育支出	5 609 300	6 471 119	7 078 411
节能环保支出	2 377 800	3 028 724	3 427 690
城乡社区支出	12 216 400	15 181 077	16 362 527
农林水支出	8 993 100	10 165 247	11 073 408
交通运输支出	4 969 300	5 547 550	5 926 297
资源勘探信息等支出	3 643 300	4 627 872	4 945 279
商业服务业等支出	1 181 100	1 315 557	1 413 959
金融支出	148 400	186 575	197 649
援助其他地区支出	269 300		
国土海洋气象等支出	650 100	655 871	694 409
住房保障支出	1 895 300	2 504 920	2 730 363
粮油物资储备支出	335 300	259 648	272 381
预备费	0		
债务付息支出	185 200		
其他支出	1 401 100	1 931 757	2 068 697
本年支出合计	84 724 500	96 814 691	104 561 297
上解中央支出	1 975 900	1 980 955	1 976 823
计划单列市上解省支出	0		
增设预算周转金	74 100		
拨付债务转贷资金数	400		
债务转贷资金结余	4 000		
地方政府债券还本	440 000	20 330 784	24 603 800
安排预算稳定调节基金	1 488 800	3 787 594	500 000
调出资金	2 700		

续表

科　目	2014 年	2015 年	2016 年
援助其他地区支出	1 200		
年终结余	7 665 500	6 811 318	3 598 595
支出总计	96 377 100	129 725 342	135 240 515

4.10.2　政府性基金预算收支

2015—2016 年江苏省政府性基金预算收支见表 4—62 和表 4—63。

表 4—62　　　　　　　　　　　　江苏省政府性基金预算收入　　　　　　　　　　单位:万元

科　目	2015 年	2016 年
一、新增建设用地土地有偿使用费收入	342 150	320 000
二、城市公用事业附加收入	292 766	322 043
三、国有土地使用权出让收入	40 318 983	39 714 198
四、国有土地收益基金收入	1 725 027	1 742 277
五、农业土地开发资金收入	137 574	138 950
六、彩票公益金收入	406 970	390 000
七、车辆通行费收入	648 996	655 486
八、其他各项基金收入	2 308 347	2 120 123
本年收入	46 180 813	45 403 077
转移性收入		
上级补助收入	532 976	400 000
上年结转及结余收入	8 004 502	6 935 398
地方政府专项债券收入	9 633 144	15 536 200
收入合计	64 351 435	68 274 675

表 4—63　　　　　　　　　　　　江苏省政府性基金预算支出　　　　　　　　　　单位:万元

科　目	2015 年	2016 年
一、城乡社区事务支出	44 450 197	44 200 000
国有土地使用权出让收入安排的支出	40 394 025	41 000 000
城市公用事业附加安排的支出	210 399	200 000
新增建设用地土地有偿使用费安排的支出	372 104	300 000
国有土地收益基金支出	1 881 962	1 700 000
城市基础设施配套费安排的支出	1 028 945	800 000

科　目	2015 年	2016 年
污水处理费安排的支出	283 892	200 000
二、交通运输支出	984 109	1 000 000
车辆通行费安排的支出	643 590	700 000
港口建设费安排的支出	298 926	300 000
三、其他各项基金支出	818 453	800 000
彩票公益金安排的支出	413 258	400 000
彩票发行销售机构业务费安排的支出	95 052	100 000
本年支出	46 252 759	46 000 000
转移性支出		
上解上级支出	134	
调出资金	2 000 000	500 000
地方政府专项债务还本支出	9 163 144	15 536 200
结转下年支出	6 935 398	6 238 475
支出合计	64 351 435	68 274 675

4.10.3　国有资本经营预算收支

2015－2016 年江苏省国有资本经营预算收入见表 4－64。

表 4－64　　　　　　　　江苏省国有资本经营预算收入　　　　　　　　单位:万元

科　目	2015 年	2016 年
一、利润收入	361 126	670 571
煤炭企业利润收入	219	
化工企业利润收入	6 100	2 000
运输企业利润收入	24 990	41 259
投资服务企业利润收入	100 036	157 256
贸易企业利润收入	18 475	17 400
建筑施工企业利润收入	647	171 557
房地产企业利润收入	1 728	30
对外合作企业利润收入	2 555	3 800
农林牧渔企业利润收入	15 128	22 540
教育文化广播企业利润收入	20 776	2 796
其他国有资本经营预算利润收入	170 472	251 934

续表

科 目	2015 年	2016 年
二、股利、股息收入	96 779	169 586
三、产权转让收入	154 831	35 191
四、清算收入		
五、其他国有资本经营收入	331 302	30 146
本年收入	944 038	905 494
上年结转收入	55 017	46 987
收入合计	999 055	952 481

2016 年江苏省国有资本经营预算支出见表 4—65。

表 4—65   **2016 年江苏省国有资本经营预算支出**   单位:万元

科 目	金 额
一、解决历史遗留问题及改革成本支出	195 464
二、国有企业资本金注入支出	350 281
三、国有企业政策性补贴支出	25 564
四、金融国有资本经营预算支出	3 700
五、其他国有资本经营预算支出	241 058
本年支出	816 068
调出资金	136 413
支出合计	952 481

4.10.4   社会保险基金预算收支

2015—2016 年江苏省社会保险基金预算收支见表 4—66 和表 4—67。

表 4—66   **江苏省社会保险基金预算收入**   单位:万元

科 目	2015 年	2016 年
一、企业职工基本养老保险基金收入	20 188 527	21 920 606
二、城乡居民基本养老保险基金收入	2 689 977	2 796 381
三、城镇职工基本医疗保险基金收入	7 586 344	8 195 653
四、居民基本医疗保险基金收入	2 902 050	3 309 351
城乡居民基本医疗保险基金收入	833 631	925 668
新型农村合作医疗基金收入	1 667 672	1 912 328
城镇居民基本医疗保险基金收入	400 747	471 355

科　目	2015 年	2016 年
五、工伤保险基金收入	770 120	801 996
六、失业保险基金收入	1 325 869	1 441 286
七、生育保险基金收入	339 292	355 747
收入合计	35 802 179	38 821 019

表 4—67　　　　　　　　　　江苏省社会保险基金预算支出　　　　　　　　　单位:万元

科　目	2015 年	2016 年
一、企业职工基本养老保险基金支出	17 940 340	20 517 376
二、城乡居民基本养老保险基金支出	2 144 229	2 304 890
三、城镇职工基本医疗保险基金支出	6 686 344	7 582 671
四、居民基本医疗保险基金支出	2 824 775	3 212 088
城乡居民基本医疗保险基金支出	818 058	914 568
新型农村合作医疗基金支出	1 647 058	1 867 901
城镇居民基本医疗保险基金支出	359 659	429 618
五、工伤保险基金支出	649 231	683 756
六、失业保险基金支出	849 439	1 293 187
七、生育保险基金支出	431 219	512 131
本年支出合计	31 525 577	36 106 098
本年收支结余	4 276 602	2 714 921
年末滚存结余	50 752 317	53 467 238

4.11　浙江省财政概览

4.11.1　一般公共预算收支

2014—2016 年浙江省一般公共预算收支见表 4—68 和表 4—69。

表 4—68　　　　　　　　　　浙江省一般公共预算收入　　　　　　　　　单位:万元

科　目	2014 年	2015 年	2016 年
税收收入	38 539 600		
增值税	7 434 000		

续表

科　目	2014 年	2015 年	2016 年
营业税	10 865 800		
企业所得税	6 352 500		
个人所得税	2 175 400		
资源税	93 000		
城市维护建设税	2 461 100		
房产税	1 584 300		
印花税	617 700		
城镇土地使用税	1 210 400		
土地增值税	2 057 200		
车船税	384 600		
耕地占用税	632 400		
契税	2 670 900		
烟叶税	200		
其他税收收入			
非税收入	2 680 600		
专项收入	1 283 300		
行政事业性收费收入	339 000		
罚没收入	936 400		
国有资本经营收入	−560 000		
国有资源(资产)有偿使用收入	504 300		
其他收入	177 600		
本年收入合计	41 220 200	48 095 300	51 668 000
中央税收返还及转移支付	9 940 500	10 865 500	10 906 900
省补助计划单列市收入			
地方政府债券收入	1 650 000	17 585 100	17 142 000
债务转贷收入			
债务转贷资金上年结余	3 100		
上年结余收入	8 115 200	1 424 100	488 600
调入预算稳定调节基金	959 500	6 612 400	331 000
动用预算周转金		240 000	

续表

科　目	2014 年	2015 年	2016 年
调入资金	2 699 700	3 993 700	309 500
接受其他地区援助收入			
收入总计	64 588 200	88 816 100	80 846 000

表 4—69　　　　　　　　　　　　浙江省一般公共预算支出　　　　　　　　　　单位:万元

科　目	2014 年	2015 年	2016 年
一般公共服务支出	5 277 400		
外交支出	0		
国防支出	79 300		
公共安全支出	3 706 900		
教育支出	10 309 900		
科学技术支出	2 079 900		
文化体育与传媒支出	1 153 600		
社会保障和就业支出	4 355 400		
医疗卫生与计划生育支出	4 338 000		
节能环保支出	1 206 500		
城乡社区支出	3 890 100		
农林水支出	5 245 900		
交通运输支出	3 883 300		
资源勘探信息等支出	1 916 800		
商业服务业等支出	1 036 300		
金融支出	101 300		
援助其他地区支出	192 000		
国土海洋气象等支出	380 600		
住房保障支出	998 200		
粮油物资储备支出	145 900		
预备费			
债务付息支出	96 600		
其他支出	1 201 800		
本年支出合计	51 595 700	66 480 900	61 660 000
上解中央支出	1 510 400	1 505 100	1 504 000

续表

科　目	2014 年	2015 年	2016 年
计划单列市上解省支出	0		
增设预算周转金	256 300		
拨付债务转贷资金数	3 100		
债务转贷资金结余	0		
地方政府债券还本	390 000		17 672 000
安排预算稳定调节基金	3 346 600		
调出资金	65 500		
援助其他地区支出	11 700		10 000
年终结余	7 408 800		
支出总计	64 588 200	88 816 100	80 846 000

4.11.2　政府性基金预算收支

2015—2016 年浙江省政府性基金预算收支见表 4—70 和表 4—71。

表 4—70　　　　　　　　　浙江省政府性基金预算收入　　　　　　　　单位:万元

科　目	2015 年	2016 年
一、本级收入	25 749 200	23 615 700
二、转移性收入	13 811 900	18 516 700
(一)中央转移支付收入	347 300	148 700
(二)调入资金	131 400	
(三)地方政府专项债券收入	10 380 900	18 368 000
(四)使用结转资金	2 952 300	
收入合计	39 561 100	42 132 400

表 4—71　　　　　　　　　浙江省政府性基金预算支出　　　　　　　　单位:万元

科　目	2015 年	2016 年
一、本级支出	25 849 000	23 764 400
二、转移性支出	13 712 100	
(一)省对市县转移支付支出		
(二)调出资金	2 952 200	
(三)结转下年支出	799 000	
地方政府专项债券还本支出	9 960 900	18 368 000

续表

科　目	2015 年	2016 年
(四)债务转贷支出		
支出合计	39 561 100	42 132 400

4.11.3　国有资本经营预算收支

2015－2016 年浙江省国有资本经营预算收支见表 4－72。

表 4－72　　　　　　　　浙江省国有资本经营预算收支　　　　　　　单位:万元

科　目	2015 年	2016 年
收入	499 700	616 500
结转资金	19 800	61 800
收入合计	519 500	678 300
支出	410 300	368 800
调出资金	47 400	309 500
结转下年支出	61 800	
支出合计	519 500	678 300

4.11.4　社会保险基金预算收支

2015－2016 年浙江省社会保险基金预算收支见表 4－73。

表 4－73　　　　　　　　浙江省社会保险基金预算收支　　　　　　　单位:万元

科　目	2015 年	2016 年
收入	31 513 400	39 471 800
支出	26 008 100	37 620 100
本年收支结余	5 505 300	1 851 700

4.12　安徽省财政概览

4.12.1　一般公共预算收支

2014－2016 年安徽省一般公共预算收支见表 4－74 和表 4－75。

表 4－74　　　　　　　　安徽省一般公共预算收入　　　　　　　单位:万元

科　目	2014 年	2015 年	2016 年
税收收入	16 925 200	17 997 674	

续表

科 目	2014 年	2015 年	2016 年
增值税	2 605 500	2 730 680	
营业税	5 399 700	5 868 010	
企业所得税	2 183 200	2 354 885	
个人所得税	521 400	531 349	
资源税	208 200	205 963	
城市维护建设税	980 000	1 060 535	
房产税	386 400	461 525	
印花税	208 700	215 963	
城镇土地使用税	1 003 800	1 330 475	
土地增值税	966 700	904 161	
车船税	128 300	148 493	
耕地占用税	357 600	451 194	
契税	1 956 600	1 725 171	
烟叶税	19 200	9 270	
其他税收收入			
非税收入	5 259 200		
专项收入	1 294 500	2 266 940	
行政事业性收费收入	1 484 300	1 488 585	
罚没收入	491 600	544 004	
国有资本经营收入	281 100	228 716	
国有资源(资产)有偿使用收入	1 412 900	1 738 492	
其他收入	294 800	277 369	
本年收入合计	22 184 400	24 541 780	26 104 500
中央税收返还及转移支付	23 161 200	24 847 610	
省补助计划单列市收入			
地方政府债券收入	1 730 000	2 230 000	
债务转贷收入			
债务转贷资金上年结余			
上年结余收入	1 024 200	1 094 510	
调入预算稳定调节基金	267 400	1 536 259	

续表

科 目	2014 年	2015 年	2016 年
调入资金	1 180 700	2 082 815	
接受其他地区援助收入	10 000		
收入总计	49 557 900	56 332 974	52 131 800

表 4－75　　　　　　　　　　　安徽省一般公共预算支出　　　　　　　　　　单位:万元

科 目	2014 年	2015 年	2016 年
一般公共服务支出	4 081 500	4 102 263	
外交支出			
国防支出	57 000		
公共安全支出	1 796 000	58 033	
教育支出	7 430 700	1 964 496	
科学技术支出	1 295 900	8 469 423	
文化体育与传媒支出	822 500	1 451 316	
社会保障和就业支出	5 758 200	863 033	
医疗卫生与计划生育支出	4 250 000	6 911 000	
节能环保支出	1 047 600	4 840 170	
城乡社区支出	5 585 500	1 246 426	
农林水支出	5 026 900	6 258 951	
交通运输支出	3 383 800	5 706 574	
资源勘探信息等支出	1 509 300	3 802 730	
商业服务业等支出	620 900	1 827 046	
金融支出	50 200	606 941	
援助其他地区支出	37 000	57 505	
国土海洋气象等支出	538 000	41 266	
住房保障支出	2 327 600	614 102	
粮油物资储备支出	398 500	2 701 315	
预备费		314 736	

续表

科 目	2014 年	2015 年	2016 年
债务付息支出	221 600		
其他支出	402 100	466 463	
本年支出合计	46 641 000	52 303 789	
上解中央支出	237 100	252 804	
计划单列市上解省支出			
增设预算周转金		30 700	
拨付债务转贷资金数			
债务转贷资金结余			
地方政府债券还本	450 000		
安排预算稳定调节基金	1 114 800	2 796 668	
调出资金	20 500	9 873	
援助其他地区支出			
年终结余	1 094 500	939 140	
支出总计	49 557 900	56 332 974	52 131 800

4.12.2 政府性基金预算收支

2014—2016 年安徽省政府性基金预算收支见表 4—76。

表 4—76　　　　　　　　　　　安徽省政府性基金预算收支　　　　　　　　　单位:万元

科 目	2014 年	2015 年	2016 年
收入	22 800 700	17 258 300	
总收入	26 407 100	23 641 800	18 076 800
总支出	26 407 100	23 641 800	18 076 800

4.12.3 国有资本经营预算收支

2014—2016 年安徽省国有资本经营预算收支见表 4—77。

表 4—77　　　　　　　　　　　安徽省国有资本经营预算收支　　　　　　　　　单位:万元

科 目	2014 年	2015 年	2016 年
收入	156 800	314 200	
上年结余等其他收入	7 900	7 400	

科　目	2014 年	2015 年	2016 年
总收入	164 700	321 600	381 800
总支出	164 700	321 600	381 800

4.12.4　社会保险基金预算收支

安徽省仅公布省级社会保险基金预算情况,未公布全省社会保险基金预算。

4.13　福建省财政概览

4.13.1　一般公共预算收支

2014－2016 年福建省一般公共预算收支见表 4－78 和表 4－79。

表 4－78　　　　　　　　　福建省一般公共预算收入　　　　　　　　单位:万元

科　目	2014 年	2015 年	2016 年
税收收入	18 937 300	19 385 500	20 787 900
增值税	2 627 300	2 717 400	2 934 800
营业税	5 818 500	6 082 400	6 477 800
企业所得税	3 229 200	3 415 700	3 784 600
个人所得税	866 700	948 600	1 043 500
资源税	119 600		
城市维护建设税	1 013 000	1 086 000	1 151 200
房产税	619 100		
印花税	297 700		
城镇土地使用税	383 400		
土地增值税	2 133 700		
车船税	147 800		
耕地占用税	336 700	281 300	299 600
契税	1 266 600	1 239 000	1 312 100
烟叶税	78 000	68 300	77 900
其他税收收入		3 546 800	3 706 400
非税收入	4 684 800	6 055 300	6 310 600
专项收入	807 000	1 930 400	2 007 600
行政事业性收费收入	1 159 500	1 032 500	1 104 800

续表

科　目	2014 年	2015 年	2016 年
罚没收入	509 900	464 600	483 200
国有资本经营收入	461 500	545 100	564 200
国有资源(资产)有偿使用收入	1 530 400	1 793 000	1 861 100
其他收入	216 500	289 700	289 700
本年收入合计	23 622 100	25 440 800	27 098 500
中央税收返还及转移支付	9 796 300	7 170 000	7 920 000
省补助计划单列市收入			
地方政府债券收入	1 320 000		
债务转贷收入			
债务转贷资金上年结余	2 600		
上年结余收入	5 783 000		
调入预算稳定调节基金	206 400	320 000	1 225 000
调入资金	580 700		
接受其他地区援助收入			
上划中央收入		15 996 300	17 647 100
收入总计	41 311 100	41 437 100	44 745 600

表 4—79　　　　　　　　　　　福建省一般公共预算支出　　　　　　　　　　单位:万元

科　目	2014 年	2015 年	2016 年
一般公共服务支出	2 934 000	2 551 700	2 794 100
外交支出			
国防支出	65 600		
公共安全支出	1 916 300	1 866 000	2 054 500
教育支出	6 346 000	6 305 700	6 955 200
科学技术支出	674 000	627 900	693 200
文化体育与传媒支出	641 800	720 400	793 900
社会保障和就业支出	2 587 100	2 798 600	3 089 700
医疗卫生与计划生育支出	2 921 400	2 968 400	3 271 200
节能环保支出	618 000	788 200	869 400
城乡社区支出	2 697 400	3 066 000	3 369 500
农林水支出	3 203 200	3 597 600	3 970 700

续表

科 目	2014 年	2015 年	2016 年
交通运输支出	3 109 300	2 845 400	3 138 500
资源勘探信息等支出	1 777 500	1 316 900	1 446 000
商业服务业等支出	652 400	659 800	725 100
金融支出	29 800		
援助其他地区支出	21 500		
国土海洋气象等支出	427 800	370 400	406 300
住房保障支出	914 600	719 600	793 000
粮油物资储备支出	156 300	231 600	254 500
预备费			
债务付息支出	161 800		
其他支出	1 211 300	1 496 700	1 618 700
本年支出合计	33 067 000	32 930 800	36 243 500
上解中央支出	442 800		
计划单列市上解省支出			
增设预算周转金	19 500		
拨付债务转贷资金数			
债务转贷资金结余	2 600		
地方政府债券还本	270 000		
安排预算稳定调节基金	1 568 100		
调出资金	246 400		
援助其他地区支出	1 000		
年终结余	5 693 800		
支出总计	41 311 100		

4.13.2 政府性基金预算收支

2015—2016 年福建省政府性基金预算收支见表 4—80 和表 4—81。

表 4—80 福建省政府性基金预算收入 单位:万元

科 目	2015 年	2016 年
一、散装水泥专项资金收入	9 400	9 900
二、新型墙体材料专项基金收入	32 900	34 200
三、新增建设用地土地有偿使用费收入	163 700	175 200

续表

科　目	2015 年	2016 年
四、政府住房基金收入	136 700	0
五、城市公用事业附加收入	84 500	84 500
六、国有土地收益基金收入	440 200	440 200
七、农业土地开发资金收入	30 400	30 400
八、国有土地使用权出让金收入	11 297 300	11 297 300
九、彩票公益金收入	182 000	191 100
十、城市基础设施配套费收入	202 900	219 100
十一、国家重大水利工程建设基金收入	93 700	99 300
十二、其他政府性基金收入	371 900	394 200
合　计	13 045 600	12 975 400

表 4—81　　　　　　　　　　福建省政府性基金预算支出　　　　　　　　　　单位:万元

科　目	2015 年	2016 年
一、城乡社区	12 355 700	12 246 700
政府住房基金支出	136 700	
国有土地使用权出让金支出	11 297 300	11 297 300
城市公用事业附加支出	84 500	84 500
国有土地收益基金支出	440 200	440 200
农业土地开发资金支出	30 400	30 400
新增建设用地有偿使用费支出	163 700	175 200
城市基础设施配套费支出	202 900	219 100
二、农林水	93 700	99 300
国家重大水利工程建设基金支出	93 700	99 300
三、资源勘探电力信息等	42 300	44 100
散装水泥专项资金支出	9 400	9 900
新墙体材料专项基金支出	32 900	34 200
四、其他支出	553 900	585 300
彩票公益金支出	182 000	191 100
其他政府性基金支出	371 900	394 200
合　计	13 045 600	12 975 400

4.13.3　国有资本经营预算收支

2015－2016年福建省国有资本经营预算收入见表4－82。

表4－82　　　　　　　　　　　福建省国有资本经营预算收入　　　　　　　　　　　单位：万元

科　目	2015年	2016年
一、利润收入	262 209	270 209
电力企业利润收入	250	257
煤炭企业利润收入	4 167	6 087
有色冶金采掘企业利润收入	1 108	1 108
化工企业利润收入	83	200
运输企业利润收入	5 107	5 107
投资服务企业利润收入	2 515	4 094
贸易企业利润收入	735	1 159
建筑施工企业利润收入	3 318	5 026
房地产企业利润收入	4 556	4 556
对外合作企业利润收入	475	475
农林牧渔企业利润收入	355	2 600
其他国有资本经营预算企业利润收入	239 540	239 540
二、股利、股息收入	1 647	232 069
国有控股公司股利、股息收入	120	10 406
国有参股公司股利、股息收入	1 497	1 990
金融企业股利、股息收入		218 800
其他国有资本经营预算企业股利、股息收入	30	873
三、产权转让收入	3 225	105 625
金融企业产权转让收入		102 400
其他国有资本经营预算企业产权转让收入	3 225	3 225
四、其他国有资本经营收入	9 133	9 133
合　计	276 214	617 036

2016年福建省国有资本经营预算支出见表4－83。

表4－83　　　　　　　　　　　福建省国有资本经营预算支出　　　　　　　　　　　单位：万元

科　目	2016年
一、解决历史遗留问题及改革成本支出	2 574

续表

科　目	2016 年
二、国有企业资本金注入	116 151
三、国有企业政策性补贴	34 007
四、金融国有资本经营预算支出	321 200
五、其他国有资本经营预算支出	77 805.7
合　计	551 737

4.13.4　社会保险基金预算收支

2015—2016 年福建省社会保险基金预算收支见表 4—84 和表 4—85。

表 4—84　　　　　　　　**福建省社会保险基金预算收入**　　　　　　单位:万元

科　目	2015 年	2016 年
一、企业职工基本养老保险基金收入	3 862 800	4 548 900
二、机关事业单位基本养老保险基金	84 700	2 348 400
三、失业保险基金收入	333 300	337 000
四、城镇职工基本医疗保险基金收入	2 348 300	2 620 700
五、工伤保险基金收入	176 200	159 400
六、生育保险基金收入	160 600	139 200
七、城乡居民社会养老保险基金收入	724 800	802 800
八、居民基本医疗保险基金收入	1 429 000	1 627 900
合　计	9 119 700	12 584 300

表 4—85　　　　　　　　**福建省社会保险基金预算支出**　　　　　　单位:万元

科　目	2015 年	2016 年
一、企业职工基本养老保险基金支出	3 361 400	3 906 800
二、机关事业单位养老保险基金支出	47 900	2 140 700
三、失业保险基金支出	111 600	199 800
四、城镇职工基本医疗保险基金支出	1 405 800	2 040 000
五、工伤保险基金支出	119 300	143 800
六、生育保险基金支出	133 500	127 200
七、城乡居民社会养老保险基金支出	529 800	585 000
八、居民基本医疗保险基金支出	1 241 400	1 537 300
合　计	6 950 700	10 680 600

4.14 江西省财政概览

4.14.1 一般公共预算收支

2014—2016 年江西省一般公共预算收支见表 4—86 和表 4—87。

表 4—86 　　　　　　　　　　江西省一般公共预算收入 　　　　　　　　　单位:万元

科 目	2014 年	2015 年	2016 年
税收收入	13 811 300	15 169 000	
增值税	2 196 000	2 406 000	
营业税	4 435 700	4 984 000	
企业所得税	1 524 700	1 572 000	
个人所得税	359 400	424 000	
资源税	467 500		
城市维护建设税	662 600		
房产税	277 100		
印花税	144 100		
城镇土地使用税	406 200		
土地增值税	1 138 400		
车船税	97 100		
耕地占用税	768 300		
契税	1 306 200		
烟叶税	28 000		
其他税收收入			
非税收入	5 007 000	6 486 000	
专项收入	672 100		
行政事业性收费收入	1 797 300		
罚没收入	731 800		
国有资本经营收入	26 100		
国有资源(资产)有偿使用收入	1 453 900		
其他收入	325 800		
本年收入合计	18 818 300	21 655 000	23 614 000
中央税收返还及转移支付	18 176 500		15 817 000

续表

科　目	2014 年	2015 年	2016 年
省补助计划单列市收入			
地方政府债券收入	1 430 000		
债务转贷收入			
债务转贷资金上年结余	3 100		
上年结余收入	6 761 500		
调入预算稳定调节基金	2 500		409 000
调入资金	1 264 200		62 000
接受其他地区援助收入			
减去：预计上解中央支出			109 000
收入总计	46 456 100	44 199 000	39 793 000

表 4－87　　　　　　　　　　　　江西省一般公共预算支出　　　　　　　　　　单位：万元

科　目	2014 年	2015 年	2016 年
一般公共服务支出	3 613 600	4 105 000	
外交支出			
国防支出	65 300	72 000	
公共安全支出	1 759 600	1 962 000	
教育支出	7 117 200	7 910 000	
科学技术支出	583 700	732 000	
文化体育与传媒支出	600 300	687 000	
社会保障和就业支出	4 223 500	5 116 000	
医疗卫生与计划生育支出	3 384 500	3 988 000	
节能环保支出	681 300	875 000	
城乡社区支出	2 268 100	3 314 000	
农林水支出	5 001 500	5 573 000	
交通运输支出	2 894 600	2 472 000	
资源勘探信息等支出	2 443 800	2 819 000	
商业服务业等支出	329 400	552 000	
金融支出	43 200	102 000	
援助其他地区支出	10 000		
国土海洋气象等支出	335 000	366 000	

续表

科　目	2014 年	2015 年	2016 年
住房保障支出	1 971 100	2 402 000	
粮油物资储备支出	236 700	173 000	
预备费			
债务付息支出	320 500		
其他支出	944 100		
本年支出合计	38 827 000		
上解中央支出	124 100		
计划单列市上解省支出			
增设预算周转金	27 500		
拨付债务转贷资金数			
债务转贷资金结余	3 100		
地方政府债券还本	350 000		
安排预算稳定调节基金	1 195 100		
调出资金	1 100		
援助其他地区支出			
年终结余	5 928 300		
支出总计	46 456 100	44 199 000	39 793 000

4.14.2　政府性基金预算收支

2015－2016 年江西省政府性基金预算收支见表 4－88。

表 4－88　　　　　江西省政府性基金预算收支　　　　　单位:万元

科　目	2015 年	2016 年
收入	11 286 000	11 783 000
中央补助收入		89 000
减去:调出资金		19 000
收入总计	11 789 000	11 853 000
支出总计	11 789 000	11 853 000

4.14.3　国有资本经营预算收支

2015－2016 年江西省国有资本经营预算收支见表 4－89。

表 4—89   江西省国有资本经营预算收支   单位:万元

科　目	2015 年	2016 年
收入	149,000	135 000
上年结转	4 000	10 000
收入总计	153 000	145 000
支出	97 000	
调入一般公共预算用于社会保障等民生支出	46 000	
支出总计	143 000	145 000
结转下年支出	10 000	

4.14.4　社会保险基金预算收支

2015—2016 年江西省社会保险基金预算收支见表 4—90。

表 4—90   江西省社会保险基金预算收支   单位:万元

科　目	2015 年	2016 年
收入	10 473 000	15 198 000
支出	9 387 000	14 797 000
本年收支结余	1 086 000	401 000
年末滚存结余	9 293 000	9 694 000

4.15　山东省财政概览

4.15.1　一般公共预算收支

2014—2016 年山东省一般公共预算收支见表 4—91 和表 4—92。

表 4—91   山东省一般公共预算收入   单位:万元

科　目	2014 年	2015 年	2016 年
税收收入	39 657 600	42 030 588	45 603 894
增值税	5 969 600	5 949 760	6 247 248
营业税	11 359 200	12 523 977	13 651 135
企业所得税	4 830 100	4 986 642	5 385 573
个人所得税	1 151 800	1 431 225	1 552 879

续表

科　目	2014 年	2015 年	2016 年
资源税	1 195 700	1 038 135	1 100 423
城市维护建设税	2 313 300	2 437 126	2 656 467
房产税	1 224 900	1 338 569	1 479 119
印花税	605 600	594 149	653 564
城镇土地使用税	2 646 900	3 587 507	3 964 195
土地增值税	2 577 400	2 595 057	2 893 489
车船税	466 500	533 080	568 503
耕地占用税	2 554 200		
契税	2 736 700	2 477 591	2 735 442
烟叶税等其他税收收入	25 800	2 537 770	2 715 857
非税收入	10 610 700	13 262 001	14 396 106
专项收入	1 535 200	3 368 793	3 537 233
行政事业性收费收入	3 022 000	2 967 435	2 973 058
罚没收入	1 214 500		
国有资本经营收入	556 900		
国有资源（资产）有偿使用收入	3 819 500	4 694 184	5 492 195
其他收入	462 500	2 231 589	2 393 620
本年收入合计	50 268 300	55 292 589	60 000 000
中央税收返还及转移支付	20 211 600	22 062 290	21 765 240
省补助计划单列市收入			
地方政府债券收入	1 620 000	2 360 000	2 360 000
债务转贷收入			
债务转贷资金上年结余	1 400		
上年结余收入	5 438 000	4 452 549	3 147 815
调入预算稳定调节基金	503 800		
调入资金	1 511 400	5 707 630	4 372 735

续表

科　目	2014 年	2015 年	2016 年
接受其他地区援助收入			
收入总计	79 554 400	89 875 058	91 645 790
另外:地方政府置换一般债券收入		15 918 450	—

表 4—92　　　　　　　　　　山东省一般公共预算支出　　　　　　　　　单位:万元

科　目	2014 年	2015 年	2016 年
一般公共服务支出	7 253 300	7 377 933	7 673 050
外交支出			
国防支出	154 700		
公共安全支出	3 805 700	4 256 125	4 468 931
教育支出	14 610 500	16 908 351	18 227 202
科学技术支出	1 470 600	1 598 987	1 726 906
文化体育与传媒支出	1 277 500	1 372 208	1 479 240
社会保障和就业支出	7 635 300	9 030 824	9 753 290
医疗卫生与计划生育支出	6 056 700	7 012 559	7 643 689
节能环保支出	1 666 700	2 169 199	2 321 043
城乡社区支出	7 779 200	9 215 699	9 676 484
农林水支出	7 728 400	9 633 091	10 403 738
交通运输支出	3 991 400	4 608 384	4 820 370
资源勘探信息等支出	2 559 800	4 424 150	4 564 171
商业服务业等支出	941 300		
金融支出	118 900		
援助其他地区支出	154 900		
国土海洋气象等支出	1 003 900	1 110 081	1 160 035
住房保障支出	1 811 500		
粮油物资储备支出	396 100	314 026	328 157
预备费			
债务付息支出	534 500		
其他支出	822 000	3 459 924	4 432 094
本年支出合计	71 773 100	82 491 541	88 678 400

科　目	2014 年	2015 年	2016 年
上解中央支出	720 400	7 633 770	731 319
计划单列市上解省支出			
增设预算周转金	11 200	481 066	
拨付债务转贷资金数			
债务转贷资金结余	1 400		
地方政府债券还本	360 000	417 865	160 000
安排预算稳定调节基金	2 063 000	3 086 518	217 711
调出资金	171 600		
援助其他地区支出	1 200		
结转下年支出		3 100 387	1 858 360
年终结余	4 452 500	47 428	
支出总计	79 554 400	89 875 058	91 645 790
另外:地方政府置换一般债券还本支出		15 918 450	—

4.15.2　政府性基金预算收支

2015—2016 年山东省政府性基金预算收支见表 4—93 和表 4—94。

表 4—93　　　　　　　　　山东省政府性基金预算收入　　　　　　　　单位:万元

科　目	2015 年	2016 年
一、散装水泥专项资金收入	18 374	11 472
二、新型墙体材料专项基金收入	151 113	158 669
三、新增建设用地土地有偿使用费收入	390 229	300 000
四、政府住房基金收入	371 482	
五、城市公用事业附加收入	227 198	230 000
六、国有土地收益基金收入	1 085 444	1 100 000
七、农业土地开发资金收入	170 817	175 000
八、国有土地使用权出让收入	22 266 524	22 500 000
九、彩票公益金收入	388 847	390 000
十、城市基础设施配套费收入	1 944 703	2 041 938
十一、小型水库移民扶助基金收入	9 940	10 000
十二、车辆通行费	1 139 942	113 000
十三、其他政府性基金收入	1 635 737	1 608 000

续表

科　目	2015 年	2016 年
本年基金收入合计	29 800 350	28 638 079
转移性收入	8 605 125	5 634 138
地方政府新增专项债券收入	450 000	450 000
上级补助收入	680 077	680 000
上年结转及结余收入	7 238 439	4 354 138
调入资金	236 609	150 000
收入总计	38 405 475	34 272 217
另外:地方政府置换专项债券收入	3 061 550	—

表 4—94　　　　　　　　　　　　　　山东省政府性基金支出　　　　　　　　　　　　　　单位:万元

科　目	2015 年	2016 年
一、文化体育与传媒支出	3 829	4 010
其中:国家电影事业发展专项资金支出	3 829	4 010
二、社会保障和就业支出	301 136	193 840
其中:大中型水库移民后期扶持基金支出	287 825	180 000
三、城乡社区支出	27 773 802	27 900 000
其中:国有土地使用权出让收入安排的支出	22 955 796	23 000 000
国有土地收益基金支出	1 280 851	1 300 000
新增建设用地土地有偿使用费安排的支出	669 395	670 000
四、交通运输支出	1 374 322	277 740
其中:车辆通行费安排的支出	1 169 320	113 000
五、资源勘探信息等支出	121 572	106 179
其中:散装水泥专项资金支出	12 699	11 804
新型墙体材料专项基金支出	100 840	94 375
六、商业服务业等支出	2 853	2 000
七、其他政府性基金支出	1 766 629	1 225 796
其中:彩票公益金安排的支出	514 638	520 000
本年基金支出合计	31 344 143	29 709 565
转移性支出	7 061 332	4 562 652
上解上级支出	—	—
调出资金	2 707 194	950 000

续表

科　目	2015 年	2016 年
累计结转结余	4 354 138	3 612 652
支出总计	38 405 475	34 272 217
另外:地方政府置换专项债券还本支出	3 061 550	—

4.15.3　国有资本经营预算收支

2015—2016 年山东省国有资本经营预算收入见表 4—95。

表 4—95　　　　　　　　山东省国有资本经营预算收入　　　　　　　单位:万元

科　目	2015 年	2016 年
一、利润收入	95 515	114 346
石油石化企业利润收入	24	2
电力企业利润收入	—	246
煤炭企业利润收入	5 508	1 073
钢铁企业利润收入	—	10 149
化工企业利润收入	7 824	2 247
运输企业利润收入	2 575	15 000
电子企业利润收入	—	4 210
机械企业利润收入	5 179	30 741
投资服务企业利润收入	20 181	1 346
纺织轻工企业利润收入	2 033	224
贸易企业利润收入	830	3 072
建筑施工企业利润收入	2 119	200
房地产企业利润收入	107	3 608
建材企业利润收入	—	10
农林牧渔企业利润收入	516	20
卫生体育福利企业利润收入	3	—
教育文化广播企业利润收入		30
科学研究企业利润收入	90	30
机关社团所属企业利润收入	21 575	5 474
金融企业利润收入(国资预算)	—	126
其他国有资本经营预算企业利润收入	26 423	36 538
二、股利、股息收入	76 733	62 161

续表

科　目	2015 年	2016 年
国有控股公司股利、股息收入	18 810	14 244
国有参股公司股利、股息收入	31 620	47 367
其他国有资本经营预算企业股利、股息收入	26 303	550
三、产权转让收入	37 696	12 863
国有股权、股份转让收入	14 975	12 863
国有独资企业产权转让收入	—	—
其他国有资本经营预算企业产权转让收入	22 721	—
四、清算收入	2 293	—
国有独资企业清算收入	723	—
其他国有资本经营预算企业清算收入	1 570	1 459
五、其他国有资本经营预算收入	105 209	190 829
本年收入合计	317 446	46 941
上年结转收入	56 072	46 941
收入总计	373 518	237 770

2015 年山东省国有资本经营预算支出见表 4—96。

表 4—96　　　　　　　　　**2015 年山东省国有资本经营预算支出**　　　　　　单位:万元

科　目	金　额
一、教育支出	125
二、科学技术支出	5 358
三、文化体育与传媒支出	1 395
四、社会保障和就业支出	4 107
五、节能环保支出	3 581
六、城乡社区支出	5 778
七、农林水支出	3 201
八、交通运输支出	18 577
九、资源勘探信息等支出	122 415
十、商业服务业等支出	24 254
十一、其他支出	69 437
本年支出合计	258 228
转移性支出	115 290

续表

科　目	金　额
调出资金	68 349
年终结转结余	46 941
支出总计	373 518

2016 年山东省国有资本经营预算支出见表 4－97。

表 4－97　　　　　　　　　2016 年山东省国有资本经营预算支出　　　　　　　　单位:万元

科　目	金　额
一、解决历史遗留问题及改革成本支出	29 480
(一)国有企业办职教幼教补助支出	822
(二)国有企业退休人员社会化管理补助支出	55
(三)国有企业棚户区改造支出	5 825
(四)国有企业改革成本支出	13 493
(五)离休干部医药费补助支出	7 413
(六)国有企业改革成本支出	—
(七)其他解决历史遗留问题及改革成本支出	1 872
二、国有企业资本金注入	82 273
(一)国有经济结构调整支出	33 627
(二)公益性设施投资支出	6 164
(三)前瞻性、战略性产业发展支出	—
(四)生态环境保护支出	—
(五)支持科技进步支出	—
(六)对外投资合作支出	320
(七)其他国有企业资本金注入	42 162
三、国有企业政策补贴	6 015
四、其他国有资本经营预算支出	88 965
本年支出合计	206 733
转移性支出	31 037
调出资金	31 037
年终结转结余	—
支出总计	237 770

4.15.4 社会保险基金预算收支

2014－2016 年山东省社会保险基金预算收支见表 4－98 和表 4－99。

表 4－98 　　　　　　　山东省社会保险基金预算收入 　　　　　　　单位:万元

科　目	2014 年	2015 年	2016 年
社会保险基金收入合计	24 826 055	27 119 983	35 649 981
其中:保险费收入	19 123 552	21 135 350	26 581 211
财政补贴收入	4 097 800	4 738 696	7 204 023
一、企业职工基本养老保险基金收入	12 830 379	13 823 450	14 967 421
其中:保险费收入	11 534 522	12 801 013	13 364 408
财政补贴收入	276 796.4	232 509	284 895
二、机关事业单位基本养老保险基金收入			6 250 775
其中:保险费收入			4 135 601
财政补贴收入			2 092 117
三、居民基本养老保险基金收入	2 675 745	2 867 863	2 915 806
其中:保险费收入	1 058 069	1 043 891	1 032 890
财政补贴收入	1 381 141	1 686 235	1 762 600
四、城镇职工基本医疗保险基金收入	4 803 486	5 257 896	5 765 464
其中:保险费收入	4 593 097	5 051 488	5 569 203
财政补贴收入	13 943.59	10 480	10 564
五、居民基本医疗保险基金收入	3 097 737	3 703 654	4 203 998
其中:保险费收入	624 041.3	854 375	1 107 426
财政补贴收入	2 425 038	2 808 437	3 050 187
六、工伤保险基金收入	407 805	438 268	391 487
其中:保险费收入	392 237.2	424 636	380 051
财政补贴收入	601.6187	669	1 104
七、失业保险基金收入	687 070	678 619	829 452
其中:保险费收入	608 187	623 270	677 185
财政补贴收入		—	—
八、生育保险基金收入	324 741.8	350 234	325 579
其中:保险费收入	314 093.7	336 677	314 446
财政补贴收入		368	2 556

注:①2014年数据系根据2015年执行数和增长率推算出来的。

②本表中社会保险基金收入包括社会保险费收入、利息收入、财政补贴收入、转移收入、其他收入,为避免数据重复计算,不含上级补助收入、下级上解收入。

表 4－99　　　　　　　　　　山东省社会保险基金预算支出　　　　　　　　　　单位:万元

科　目	2014年	2015年	2016年
社会保险基金支出合计	21 525 809	24 780 511	33 310 989
其中:社会保险待遇支出	21 244 798	24 497 376	32 886 523
一、企业职工基本养老保险基金支出	11 706 826	13 437 095	14 313 624
其中:基本养老保险待遇支出	11 548 450	13 269 169	14 127 647
二、机关事业单位基本养老保险基金支出			6 168 904
其中:基本养老保险待遇支出			6 032 813
三、居民基本养老保险基金支出	1 557 320	1 823 778	1 929 724
其中:养老保险待遇支出	1 504 996	1 790 945	1 901 868
四、城镇职工基本医疗保险基金支出	4 113 198	4 898 408	5 467 878
其中:基本医疗保险待遇支出	4 050 481	4 821 288	5 400 822
五、居民基本医疗保险基金支出	3 037 697	3 376 097	3 849 631
其中:医疗保险待遇支出	3 033 320	3 376 085	3 849 611
六、工伤保险基金支出	303 303	340 336	372 475
其中:工伤保险待遇支出	302 854	339 257	370 654
七、失业保险基金支出	492 801	592 445	790 697
其中:失业保险待遇支出	490 273	588 279	785 053
八、生育保险基金支出	314 301	312 352	418 055
其中:生育保险待遇支出	314 301	312 352	418 055

2015－2016 年山东省社会保险基金预算结余见表 4－100。

表 4－100　　　　　　　　　　山东省社会保险基金预算结余　　　　　　　　　　单位:万元

科　目	2015年	2016年
一、全省社会保险基金本年收支结余合计	2 339 472	2 338 992
(一)企业职工基本养老保险基金本年收支结余	386 355	653 797
(二)机关事业单位基本养老保险基金收支结余		81 871
(三)居民基本养老保险基金本年收支结余	1 044 085	986 082
(四)城镇职工基本医疗保险基金本年收支结余	359 488	297 586
(五)居民基本医疗保险基金本年收支结余	327 557	354 366
(六)工伤保险基金本年收支结余	97 932	19 011
(七)失业保险基金本年收支结余	86 174	38 754

续表

科 目	2015年	2016年
(八)生育保险基金本年收支结余	37 882	−92 476
二、全省社会保险基金年末滚存结余合计	36 090 716	38 856 649
(一)企业职工基本养老保险基金年末滚存结余	19 714 724	20 368 521
(二)机关事业单位基本养老基金年末滚存结余		508 812
(三)居民基本养老保险基金年末滚存结余	5 735 982	6 722 063
(四)城镇职工基本医疗保险基金年末滚存结余	5 438 884	5 736 471
(五)居民基本医疗保险基金年末滚存结余	1 391 022	1 745 388
(六)工伤保险基金年末滚存结余	700 899	719 910
(七)失业保险基金年末滚存结余	2 696 194	2 734 949
(八)生育保险基金年末滚存结余	413 010	320 534

4.16　河南省财政概览

4.16.1　一般公共预算收支

2014—2016 年河南省一般公共预算收支见表 4—101 和表 4—102。

表 4—101　　　　　　　　　　河南省一般公共预算收入　　　　　　　　单位:万元

科 目	2014 年	2015 年	2016 年
税收收入	19 514 600	21 009 000	
增值税	2 564 700		
营业税	6 273 300		
企业所得税	2 610 000		
个人所得税	580 100		
资源税	391 900		
城市维护建设税	1 066 700		
房产税	459 100		
印花税	268 000		
城镇土地使用税	959 000		
土地增值税	1 325 100		
车船税	250 000		

续表

科　目	2014 年	2015 年	2016 年
耕地占用税	1 253 100		
契税	1 420 100		
烟叶税	93 600		
其他税收收入			
非税收入	7 878 000	9 087 000	
专项收入	1 014 200		
行政事业性收费收入	2 638 900		
罚没收入	822 000		
国有资本经营收入	1 082 500		
国有资源(资产)有偿使用收入	1 562 700		
其他收入	757 600		
本年收入合计	27 392 600	30 096 000	32 203 000
中央税收返还及转移支付	31 983 100		
省补助计划单列市收入			
地方政府债券收入	1 760 000		
债务转贷收入			
债务转贷资金上年结余			
上年结余收入	1 780 300		
调入预算稳定调节基金	460 500		
调入资金	2 109 100		
接受其他地区援助收入			
收入总计	65 485 600	68 065 000	63 160 000

表 4—102　　　　　　　　　　　　　河南省一般公共预算支出　　　　　　　　　　　　单位:万元

科　目	2014 年	2015 年	2016 年
一般公共服务支出	7 007 100		
外交支出			
国防支出	67 900		
公共安全支出	2 741 200		
教育支出	12 013 800		
科学技术支出	812 500		

续表

科 目	2014 年	2015 年	2016 年
文化体育与传媒支出	911 600		
社会保障和就业支出	7 908 700		
医疗卫生与计划生育支出	6 029 500		
节能环保支出	1 199 500		
城乡社区支出	4 317 400		
农林水支出	6 619 400		
交通运输支出	3 648 500		
资源勘探信息等支出	1 176 200		
商业服务业等支出	315 000		
金融支出	277 100		
援助其他地区支出	26 200		
国土海洋气象等支出	540 000		
住房保障支出	2 475 700		
粮油物资储备支出	451 200		
预备费			
债务付息支出	944 100		
其他支出	804 600		
本年支出合计	60 286 900	51 707 000	57 018 000
上解中央支出	318 800		
计划单列市上解省支出			
增设预算周转金	8 000		
拨付债务转贷资金数			
债务转贷资金结余			
地方政府债券还本	460 000		
安排预算稳定调节基金	1 984 600		
调出资金	102 500		
援助其他地区支出			
年终结余	2 324 900		
支出总计	65 485 600	68 065 000	63 160 000

4.16.2　政府性基金预算收支

2015－2016年河南省政府性基金预算收支见表4－103。

表4－103　　　　　　　　河南省政府性基金预算收支　　　　　　　　单位:万元

科　目	2015 年	2016 年
收入	14 408 000	13 677 000
中央补助		132 000
上年超收		365 000
收入总计		14 174 000
支出		14 159 000
调出资金		15 000
支出总计	15 398 000	14 174 000

4.16.3　国有资本经营预算收支

2015－2016年河南省国有资本经营预算收支见表4－104。

表4－104　　　　　　　　河南省国有资本经营预算收支　　　　　　　　单位:万元

科　目	2015 年	2016 年
收入	121 000	122 000
上年超收		24 000
收入总计		146 000
支出	53 000	104 000
调出资金		42 000
支出总计		146 000

4.16.4　社会保险基金预算收支

2015－2016年河南省社会保险基金预算收支见表4－105。

表4－105　　　　　　　　河南省社会保险基金预算收支　　　　　　　　单位:万元

科　目	2015 年	2016 年
收入	18 385 000	19 682 000
其中:财政补助收入		7 991 000
支出	16 834 000	18 056 000
当年收支结余	1 551 000	1 626 000

4.17 湖北省财政概览

4.17.1 一般公共预算收支

2014—2016 年湖北省一般公共预算收支见表 4—106 和表 4—107。

表 4—106 　　　　　　　　　湖北省一般公共预算收入 　　　　　　　　单位:万元

科 目	2014 年	2015 年	2016 年
税收收入	18 731 100	20 863 606	22 897 000
增值税	2 636 600	2 854 452	3 185 000
营业税	5 860 000	6 783 017	7 460 000
企业所得税	2 550 200	2 766 828	3 040 000
个人所得税	646 900	785 306	870 000
资源税	188 300	176 856	200 000
城市维护建设税	1 248 700	1 386 179	1 537 000
房产税	438 300	531 354	590 000
印花税	251 200	279 657	310 000
城镇土地使用税	449 200	503 290	550 000
土地增值税	1 740 700	1 877 567	2 060 000
车船税	155 600	179 675	200 000
耕地占用税	1 073 200	1 164 243	1 255 000
契税	1 458 900	1 535 016	1 600 000
烟叶税	33 300	40 166	40 000
其他税收收入			
非税收入	6 937 800	9 190 316	10 103 000
专项收入	773 900	1 967 556	2 160 000
行政事业性收费收入	3 333 700	3 290 330	3 620 000
罚没收入	737 100	943 972	1 040 000
国有资本经营收入	314 100	260 357	281 000
国有资源(资产)有偿使用收入	1 419 300	2 137 608	2 350 000
政府住房基金收入			250 000
其他收入	359 600	590 493	402 000
本年收入合计	25 669 000	30 053 922	33 000 000

续表

科　目	2014 年	2015 年	2016 年
中央税收返还及转移支付	23 955 100		
省补助计划单列市收入			
地方政府债券收入	1 560 000		
债务转贷收入			
债务转贷资金上年结余	14 000		
上年结余收入	11 209 200		
调入预算稳定调节基金	58 100		
调入资金	804 100		
接受其他地区援助收入			
收入总计	63 269 500		

表 4—107　　　　　　　　　　　　　湖北省一般公共预算支出　　　　　　　　　　　单位:万元

科　目	2014 年	2015 年	2016 年
一般公共服务支出	5 984 500	7 259 827	7 400 000
外交支出			
国防支出	41 800		
公共安全支出	2 590 500	3 040 526	3 100 000
教育支出	7 733 500	9 223 746	9 530 000
科学技术支出	1 344 600	1 475 556	1 500 000
文化体育与传媒支出	766 500	814 148	810 000
社会保障和就业支出	7 176 300	8 587 093	8 680 000
医疗卫生与计划生育支出	4 013 200	5 105 531	5 300 000
节能环保支出	1 037 800	1 446 432	1 550 000
城乡社区支出	3 643 100	5 506 675	5 700 000
农林水支出	4 838 000	5 758 071	6 000 000
交通运输支出	3 960 400	4 092 347	4 200 000
资源勘探信息等支出	2 216 200	4 070 909	4 100 000
商业服务业等支出	360 600	483 250	480 000
金融支出	97 900	114 483	110 000
援助其他地区支出	51 900	60 905	42 400
国土海洋气象等支出	554 100	588 899	590 000

续表

科　目	2014 年	2015 年	2016 年
住房保障支出	1 470 600	1 907 950	2 000 000
粮油物资储备支出	387 800	354 498	350 000
预备费			1 350 000
债务付息支出	374 900	414 494	500 000
其他支出	697 400	636 801	2 707 600
本年支出合计	49 341 500	60 942 141	66 000 000
上解中央支出	408 100		
计划单列市上解省支出			
增设预算周转金			
拨付债务转贷资金数			
债务转贷资金结余	14 000		
地方政府债券还本	430 000		
安排预算稳定调节基金	1 134 500		
调出资金	88 200		
援助其他地区支出			
年终结余	11 853 300		
支出总计	63 269 500		

4.17.2　政府性基金预算收支

2015－2016 年湖北省政府性基金预算收支见表 4－108 和表 4－109。

表 4－108　　　　　　　　**湖北省政府性基金预算收入**　　　　　　　单位:万元

科　目	2015 年	2016 年
一、农网还贷资金收入		
二、海南省高等级公路车辆通行附加费收入		
三、港口建设费收入		1 300
四、散装水泥专项资金收入		11 000
五、新型墙体材料专项基金收入		56 000
六、旅游发展基金收入		
七、新菜地开发建设基金收入		12 000
八、新增建设用地土地有偿使用费收入		220 000

续表

科　目	2015 年	2016 年
九、南水北调工程建设基金收入		
十、城市公用事业附加收入		67 000
十一、国有土地收益基金收入		114 700
十二、农业土地开发资金收入		90 000
十三、国有土地使用权出让收入		10 000 000
十四、大中型水库库区基金收入		25 000
十五、彩票公益金收入		180 000
十六、城市基础设施配套费收入		
十七、小型水库移民扶助基金收入		
十八、国家重大水利工程建设基金收入		
十九、车辆通行费		1 100 000
二十、污水处理费收入		105 000
二十一、其他政府性基金收入		18 000
收入总计	16 550 000	12 000 000

表 4－109　　　　　　　　　湖北省政府性基金预算支出　　　　　　　　单位:万元

科　目	2015年	2016年
一、文化体育与传媒支出		7 000
二、社会保障和就业支出		200 000
三、节能环保支出		
四、城乡社区支出		11 500 000
五、农林水支出		100 000
六、交通运输支出		900 000
七、资源勘探信息等支出		30 000
八、商业服务业等支出		2 000
九、其他支出		261 000
支出总计	17 540 000	13 000 000

4.17.3　国有资本经营预算收支

2015－2016 年湖北省国有资本经营预算收支见表 4－110 和表 4－111。

表 4-110 　　　　　　　　　　　湖北省国有资本经营预算收入　　　　　　　　　　　单位:万元

科　目	2015年	2016年
一、利润收入		89 459
电力企业利润收入		156
运输企业利润收入		36
电子企业利润收入		183
机械企业利润收入		2 000
投资服务企业利润收入		58 206
纺织轻工企业利润收入		30
贸易企业利润收入		1 418
建筑施工企业利润收入		3 084
房地产企业利润收入		88
农林牧渔企业利润收入		3 760
卫生体育福利企业利润收入		3
教育文化广播企业利润收入		500
科学研究企业利润收入		584
其他国有资本经营预算企业利润收入		19 411
二、股利、股息收入		56 048
国有控股公司股利、股息收入		39 381
国有参股公司股利、股息收入		11 192
其他国有资本经营预算企业股利、股息收入		5 475
三、产权转让收入		17 763
国有股权、股份转让收入		12 522
国有独资企业产权转让收入		1 846
其他国有资本经营预算企业产权转让收入		3 395
四、清算收入		5 150
其他国有资本经营预算企业清算收入		5 150
五、其他国有资本经营收入		12 727
全省国有资本经营收入	169 000	181 147
上年结转收入		17 909
收入合计		199 056

表 4—111   湖北省国有资本经营预算支出   单位:万元

科 目	2015年	2016年
一、社会保障和就业支出		
二、国有资本经营预算支出		186 937
(一)解决历史遗留问题及改革成本支出		47 096
厂办大集体改革支出		1 000
"三供一业"移交补助支出		4 800
国有企业办职教幼教补助支出		1 959
国有企业退休人员社会化管理补助支出		2 171
国有企业棚户区改造支出		8 828
国有企业改革成本支出		18 552
离休干部医药费补助支出		600
其他解决历史遗留问题及改革成本支出		9 186
(二)国有企业资本金注入		78 805
国有经济结构调整支出		42 809
公益性设施投资支出		3 476
前瞻性、战略性产业发展支出		11 780
生态环境保护支出		2 173
支持科技进步支出		2 614
对外投资合作支出		1 363
其他国有企业资本金注入		14 590
(三)国有企业政策性补贴		2 315
国有企业政策性补贴		2 315
(四)其他国有资本经营预算支出		58 721
其他国有资本经营预算支出		58 721
三、转移性支出		12 119
调出资金		12 119
国有资本经营预算调出资金		12 119
全省国有资本经营支出	146 000	199 056
结转下年支出		

4.17.4 社会保险基金预算收支

2016 年湖北省社会保险基金预算收支见表 4－112 和表 4－113。

表 4－112   **2016年湖北省社会保险基金预算收入**   单位：万元

科　目	金　额
一、企业职工基本养老保险基金收入	11 376 630
其中：保险费收入	7 548 787
财政补贴收入	2 903 688
利息收入	165 029
二、机关事业单位基本养老保险基金收入	6 215 095
其中：保险费收入	3 983 602
财政补贴收入	2 229 926
利息收入	1 509
三、城乡居民基本养老保险基金收入	1 054 934
其中：保险费收入	253 220
财政补贴收入	777 104
利息收入	24 553
四、城镇职工基本医疗保险基金收入	2 742 936
其中：保险费收入	2 682 092
财政补贴收入	2 201
利息收入	43 530
五、居民基本医疗保险基金收入	2 597 766
其中：保险费收入	605 686
财政补贴收入	1 954 126
利息收入	28 762
（一）城镇居民基本医疗保险基金收入	549 558
其中：保险费收入	130 845
财政补贴收入	401 115
利息收入	14 829
（二）新型农村合作医疗基金收入	2 048 208
其中：保险费收入	474 841
财政补贴收入	1 553 011
利息收入	13 933

续表

科 目	金 额
六、失业保险基金收入	427 690
其中:保险费收入	369 128
财政补贴收入	166
利息收入	25 889
七、工伤保险基金收入	159 139
其中:保险费收入	150 264
财政补贴收入	447
利息收入	6 414
八、生育保险基金收入	109 157
其中:保险费收入	104 683
财政补贴收入	
利息收入	4 447
全省社会保险基金收入合计	24 683 347
其中:保险费收入	15 697 462
财政补贴收入	7 867 658
利息收入	300 133

表4—113　　　　　　　　　　**2016年湖北省社会保险基金预算支出**　　　　　　　　　单位:万元

科 目	金 额
一、企业职工基本养老保险基金支出	11 355 391
其中:基本养老金支出	10 283 555
二、机关事业单位基本养老保险基金支出	6 159 678
其中:基本养老金支出	6 159 382
三、城乡居民基本养老保险基金支出	750 883
其中:基本养老金支出	730 509
四、城镇职工基本医疗保险基金支出	2 365 570
其中:基本医疗保险待遇支出	2 355 825
五、居民基本医疗保险基金支出	2 398 121
其中:基本医疗保险待遇支出	2 258 402
(一)城镇居民基本医疗保险基金支出	399 312
其中:基本医疗保险待遇支出	366 459

科　目	金　额
（二）新型农村合作医疗基金支出	1 998 809
其中:基本医疗保险待遇支出	1 891 943
六、失业保险基金支出	234 286
其中:失业保险金支出	69 931
七、工伤保险基金支出	144 486
其中:工伤保险待遇支出	131 578
八、生育保险基金支出	90 498
其中:生育保险待遇支出	90 394
全省社会保险基金支出合计	23 498 913
其中:社会保险待遇支出	22 079 576

4.18　湖南省财政概览

4.18.1　一般公共预算收支

2014—2016 年湖南省一般公共预算收支见表 4—114 和表 4—115。

表 4—114　　　　　　　　　　湖南省一般公共预算收入　　　　　　　　单位:万元

科　目	2014 年	2015 年	2016 年
税收收入	14 385 200		
增值税	2 122 200		
营业税	4 709 400		
企业所得税	1 550 100		
个人所得税	565 600		
资源税	104 700		
城市维护建设税	1 151 500		
房产税	400 800		
印花税	181 600		
城镇土地使用税	351 700		
土地增值税	767 500		
车船税	137 300		

续表

科　目	2014 年	2015 年	2016 年
耕地占用税	757 200		
契税	1 484 600		
烟叶税	101 000		
其他税收收入	0		
非税收入	8 242 700		
专项收入	615 300		
行政事业性收费收入	1 842 000		
罚没收入	812 200		
国有资本经营收入	159 700		
国有资源(资产)有偿使用收入	3 252 900		
其他收入	1 560 700		
本年收入合计	22 627 900	25 131 000	27 142 000
中央税收返还及转移支付	26 445 300	29 273 000	
省补助计划单列市收入			
地方政府债券收入	1 860 000	13 950 000	
债务转贷收入			
债务转贷资金上年结余			
上年结余收入	5 274 900	4 788 000	
调入预算稳定调节基金	211 400	169 000	
调入资金	432 400	763 000	
接受其他地区援助收入收入			
收入总计	56 851 900	74 074 000	

表 4—115　　　　　　　　　　湖南省一般公共预算支出　　　　　　　　　　单位:万元

科　目	2014 年	2015 年	2016 年
一般公共服务支出	6 272 400		
外交支出			
国防支出	130 500		
公共安全支出	2 461 100		
教育支出	8 332 700		
科学技术支出	593 800		

续表

科　目	2014 年	2015 年	2016 年
文化体育与传媒支出	800 100		
社会保障和就业支出	6 619 700		
医疗卫生与计划生育支出	4 224 000		
节能环保支出	1 374 900		
城乡社区支出	4 639 600		
农林水支出	5 575 900		
交通运输支出	3 221 600		
资源勘探信息等支出	1 596 900		
商业服务业等支出	444 300		
金融支出	57 600		
援助其他地区支出	37 000		
国土海洋气象等支出	657 200		
住房保障支出	2 081 300		
粮油物资储备支出	359 700		
预备费			
债务付息支出	279 000		
其他支出	414 500		
本年支出合计	50 173 800	56 845 000	
上解中央支出	291 100	291 000	
计划单列市上解省支出			
增设预算周转金			
拨付债务转贷资金数			
债务转贷资金结余			
地方政府债券还本	440 000	12 220 000	
安排预算稳定调节基金	1 118 700	297 000	
调出资金	39 700		
援助其他地区支出	600		
年终结余	4 788 000	4 421 000	
支出总计	56 851 900	74 074 000	

4.18.2 政府性基金预算收支

2015—2016 年湖南省政府性基金预算收支见表 4—116。

表 4—116   湖南省一般公共预算支出   单位:万元

科　目	2015 年	2016 年
收入	11 686 000	11 100 000
中央补助	543 000	
上年结转	3 669 000	
收入总计	15 898 000	
支出	11 900 000	11 809 000
调出资金	743 000	
结转下年	3 255 000	
支出总计	15 898 000	

4.18.3 国有资本经营预算

2015—2016 年湖南省国有资本经营预算见表 4—117。

表 4—117   湖南省国有资本经营预算收支   单位:万元

科　目	2015 年	2016 年
收入	224 000	171 000
其中:利润收入	202 000	
股利股息收入	7 000	
产权转让等其他收入	15 000	
上年结转	2 000	22 000
收入合计	226 000	193 000
支出	184 000	173 000
调出到一般公共预算	20 000	20 000
结转下年	22 000	
支出合计	226 000	193 000

4.18.4 社会保险基金预算收支

2015—2016 年湖南省社会保险基金预算收支见表 4—118。

表 4—118   湖南省社会保险基金预算收支   单位:万元

科　目	2015 年	2016 年
收入	14 325 000	15 284 000

续表

科　　目	2015 年	2016 年
其中:保险费收入	8 238 000	
财政补贴	5 370 000	
利息、转移收入等其他收入	717 000	
支出	13 062 000	14 360 000
其中:社会保险待遇支出	12 907 000	
转移支出等其他支出	155 000	
当年结余	1 263 000	
年末滚存结余	15 507 000	

2015－2016 年湖南省社会保险基金预算明细见表 4－119。

表 4－119　　　　　　　湖南省社会保险基金预算明细　　　　　　　单位:万元

类　　别	科　目	2015 年	2016 年
企业职工基本养老保险基金	收入	7 381 000	7 959 000
	支出	7 178 000	7 956 000
	滚存结余	8 391 000	8 394 000
城乡居民基本养老保险基金	收入	1 351 000	1 284 000
	支出	955 000	931 000
	滚存结余	1 832 000	2 185 000
城镇职工基本医疗保险基金	收入	2 035 000	2 123 000
	支出	1 767 000	1 875 000
	滚存结余	2 355 000	2 603 000
居民基本医疗保险基金	收入	2 868 000	3 228 000
	支出	2 664 000	3 034 000
	滚存结余	1 132 000	1 326 000
工伤保险基金	收入	299 000	306 000
	支出	266 000	281 000
	滚存结余	454 000	479 000
失业保险基金	收入	285 000	278 000
	支出	150 000	195 000
	滚存结余	1 124 000	1 207 000

续表

类　别	科　目	2015 年	2016 年
生育保险基金	收入	106 000	106 000
	支出	82 000	88 000
	滚存结余	219 000	237 000

4.19　广东省财政概览

4.19.1　一般公共预算收支
2014－2016 年广东省一般公共预算收支见表 4－120 和表 4－121。

表 4－120　　　　　　　　　　广东省一般公共预算收入　　　　　　　　　单位:万元

科　目	2014 年	2015 年	2016 年
税收收入	65 104 700	73 759 309	80 028 851
增值税	12 331 700	13 391 298	14 596 515
营业税	17 308 700	20 539 974	22 593 971
企业所得税	11 361 900	13 019 964	13 579 822
个人所得税	4 089 100	5 101 385	5 662 537
资源税	154 500	165 498	180 393
城市维护建设税	4 137 500	4 570 532	5 118 996
房产税	2 338 900	2 409 969	2 626 866
印花税	1 120 000	1 414 048	1 534 242
城镇土地使用税	1 510 000	1 436 950	1 537 537
土地增值税	5 059 000	5 767 553	6 215 147
车船税	614 400	699 657	737 412
耕地占用税	863 500	953 820	991 973
契税	4 199 100	4 272 442	4 635 600
烟叶税	16 200	16 218	17 840
其他税收收入	0	1	
非税收入	15 546 100	19 888 331	16 184 885
专项收入	2 557 100	5 982 869	2 984 976
行政事业性收费收入	4 976 700	4 070 682	3 584 601

续表

科 目	2014 年	2015 年	2016 年
罚没收入	1 346 900	1 556 853	1 634 696
国有资本经营收入	609 000	626 960	645 769
国有资源(资产)有偿使用收入	2 816 900	3 548 371	3 761 273
其他收入	3 239 500	4 102 596	3 573 570
政府性基金转列一般公共预算	0		4 925 716
本年收入合计	80 650 800	93 647 640	101 139 452
中央税收返还及转移支付	14 346 200		12 675 644
省补助计划单列市收入	0		
地方政府债券收入	1 900 000		
债务转贷收入	0		
债务转贷资金上年结余	4 800		
上年结余收入	17 003 200		
调入预算稳定调节基金	2 134 800		
调入资金	4 023 000		3 194 963
接受其他地区援助收入	0		
收入总计	120 062 800		117 010 059

表 4—121　　　　　　　　　广东省一般公共预算支出　　　　　　　　　单位:万元

科 目	2014 年	2015 年	2016 年
一般公共服务支出	95 944 000	10 272 149	10 302 001
外交支出			
国防支出	1 905 000	165 010	203 616
公共安全支出	69 723 000	8 297 310	9 075 000
教育支出	180 897 000	20 252 710	23 036 200
科学技术支出	27 433 000	5 476 384	3 454 770
文化体育与传媒支出	16 816 000	1 862 130	2 215 940
社会保障和就业支出	79 701 000	10 505 472	10 209 336
医疗卫生与计划生育支出	77 755 000	9 121 631	9 892 449
节能环保支出	25 904 000	3 353 432	3 181 500
城乡社区支出	77 011 000	11 702 346	9 907 080
农林水支出	55 759 000	8 045 377	8 421 645

续表

科　目	2014 年	2015 年	2016 年
交通运输支出	88 286 000	20 174 426	10 239 984
资源勘探信息等支出	27 537 000	5 346 542	3 370 370
商业服务业等支出	8 921 000	1 497 279	1 036 295
金融支出	4 556 000	1 411 328	600 600
援助其他地区支出	4 975 000	705 175	560 550
国土海洋气象等支出	6 159 000	1 215 309	743 340
住房保障支出	26 488 000	3 440 103	3 226 670
粮油物资储备支出	3 103 000	668 947	362 940
预备费			1 375 500
债务付息支出	6 681 000	219 362	2 510 814
债务发行费用支出		12 837	658 800
其他支出	29 709 000	4 271 107	
本年支出合计	915 264 000	128 016 366	114 585 400
上解中央支出	22 250 000		2 269 659
计划单列市上解省支出			
增设预算周转金	530 000		
拨付债务转贷资金数			
债务转贷资金结余	48 000		
地方政府债券还本	4 550 000		155 000
安排预算稳定调节基金	71 805 000		
调出资金	2 514 000		
援助其他地区支出	30 000		
年终结余	183 637 000		
支出总计	1 200 628 000		117 010 059

4.19.2　政府性基金预算收支

2015－2016 年广东省政府性基金预算收支见表 4－122 和表 4－123。

表 4－122　　　　　　　　　广东省政府性基金预算收入　　　　　　　　　单位:万元

科　目	2015 年	2016 年
港口建设费收入	41 479	41 550
散装水泥专项资金收入	15 272	7 431

续表

科　目	2015 年	2016 年
新型墙体材料专项基金收入	76 298	44 866
文化事业建设费收入		
国家电影事业发展专项资金收入	1 569	19 800
地方教育附加收入		
新菜地开发建设基金收入	9 135	4 400
新增建设用地土地有偿使用费收入	762 663	516 319
育林基金收入		
森林植被恢复费		
地方水利建设基金收入		
残疾人就业保障金收入		
政府住房基金收入	1 396 533	
城市公用事业附加收入	500 199	413 362
国有土地收益基金收入	288 197	271 786
农业土地开发资金收入	165 323	151 782
国有土地使用权出让收入	29 368 687	25 836 147
大中型水库移民后期扶持基金收入		
大中型水库库区基金收入	4 204	4 500
船舶港务费		
彩票公益金收入	503 091	431 567
城市基础设施配套费收入	952 240	722 477
小型水库移民扶助基金收入	20 273	17 821
车辆通行费	668 931	673 274
无线电频率占用费	527	
水土保持补偿费收入	1 713	
污水处理费收入	594 735	507 896
彩票发行机构和彩票销售机构的业务费用	164 143	162 416
其他政府性基金收入	16 287	60 086
转移性收入（上级补助收入）		193 850
政府性基金收入合计	35 551 499	30 081 330

表 4－123 广东省政府性基金预算支出 单位:万元

科 目	2015 年	2016 年
政府性基金支出	29 831 015	30 081 330
一、教育支出		
地方教育附加安排的支出		
二、文化体育与传媒支出	16 719	19 800
文化事业建设费安排的支出		
国家电影事业发展专项资金及对应专项债务收入安排的支出	16 719	19 800
三、社会保障和就业支出	264 084	156 301
大中型水库移民后期扶持基金支出	242 621	138 480
残疾人就业保障金支出	21 463	
小型水库移民扶助基金及对应专项债务收入安排的支出		17 821
四、城乡社区支出	27 894 488	28 419 769
政府住房基金及对应专项债务收入安排的支出	341 553	
国有土地使用权出让收入及对应专项债务收入安排的支出	24 378 999	25 836 147
城市公用事业附加及对应专项债务收入安排的支出	415 467	413 362
国有土地收益基金及对应专项债务收入安排的支出	129 646	271 786
农业土地开发资金及对应专项债务收入安排的支出	153 351	151 782
新增建设用地土地有偿使用费及对应专项债务收入安排的支出	1 037 911	516 319
城市基础设施配套费及对应专项债务收入安排的支出	950 470	722 477
污水处理费及对应专项债务收入安排的支出	487 091	507 896
五、农林水支出	11 813	8 900
新菜地开发建设基金及对应专项债务收入安排的支出	6 583	4 400
育林基金支出		
森林植被恢复费安排的支出		
地方水利建设基金支出	52	
大中型水库库区基金及对应专项债务收入安排的支出	4 824	4 500
水土保持补偿费安排的支出	354	
六、交通运输支出	883 697	766 510
公路水路运输		
车辆通行费及对应专项债务收入安排的支出	715 301	673 274
港口建设费及对应专项债务收入安排的支出	110 614	91 050

续表

科　目	2015 年	2016 年
民航发展基金支出	57 782	2 186
七、资源勘探信息等支出	38 940	52 297
无线电频率占用费安排的支出	12 344	
散装水泥专项资金及对应专项债务收入安排的支出	2 023	7 431
新型墙体材料专项基金及对应专项债务收入安排的支出	24 573	44 866
八、商业服务业等支出	741	
旅游发展基金支出	741	
九、其他支出	715 731	628 706
其他政府性基金及对应专项债务收入安排的支出	48 035	31 039
彩票发行机构销售机构业务费安排的支出	126 912	166 100
彩票公益金及对应专项债务收入安排的支出	540 784	431 567
十、债务付息支出	2 117	29 047
十一、债务发行费用支出	2 685	

4.19.3　国有资本经营预算收支

2014－2016 年广东省国有资本经营预算收支见表 4－124 和表 4－125。

表 4－124　　　　　　　　　　　广东省国有资本经营预算收入　　　　　　　　　　单位:万元

科　目	2014 年	2015 年	2016 年
一、利润收入	333 735	1 340 919	748 326
二、股利、股息收入	208 599	525 621	525344
三、产权转让收入	133 691	112 280	128 634
四、清算收入		378	832
五、其他国有资本经营收入	315 988	103 144	387 181
本年收入合计	992 013	2 082 342	1 790 317
上年结转结余		62 478	161 277
收入总计	992 013	2 144 820	1 951 594

表 4－125　　　　　　　　　　　广东省国有资本经营预算支出　　　　　　　　　　单位:万元

科　目	2014 年	2015 年	2016 年
一、教育支出	3 635	3 059	
二、科学技术支出	2 369	10 436	

科　目	2014 年	2015 年	2016 年
三、文化体育与传媒支出	36 776	16 192	
四、节能环保支出	500	800	
五、城乡社区支出	8 528	103 259	
六、农林水支出	1 667	8 524	
七、交通运输支出	223 702	223 698	
八、资源勘探电力信息等支出	451 189	863 265	
九、商业服务业等支出	198 618	197 863	
十、其他支出	34 244	320 033	
十一、转移性支出	380	236 414	
本年支出合计	961 608	1 983 543	1 951 594
结转下年	30 405	161 277	
支出总计	992 013	2 144 820	1 951 594

4.19.4　社会保险基金预算收支

2015－2016 年广东省社会保险基金预算收支见表 4－126 和表 4－127。

表 4－126　　　　　　　　广东省社会保险基金预算收入　　　　　　　　单位:万元

科　目	2015 年	2016 年
广东省社会保险基金收入合计	45 062 900	51 916 200
保险费收入	34 816 600	42 140 300
财政补贴收入	4 799 400	4 710 000
利息收入	2 384 000	1 740 900
一、企业职工基本养老保险基金收入	26 381 600	27 230 700
保险费收入	21 663 600	23 043 500
财政补贴收入	125 400	81 700
利息收入	1 900 900	1 196 100
二、失业保险基金收入	1 562 500	1 031 700
保险费收入	1 437 800	916 500
财政补贴收入		
利息收入	84 400	69 400
三、城镇职工基本医疗保险基金收入	8 595 300	9 416 200
保险费收入	8 225 500	8 959 700

续表

科　目	2015 年	2016 年
财政补贴收入	32 100	29 900
利息收入	181 800	250 700
四、工伤保险基金收入	724 400	580 800
保险费收入	606 000	482 400
财政补贴收入		
利息收入	73 600	52 800
五、生育保险基金收入	706 700	751 500
保险费收入	686 500	733 600
财政补贴收入		
利息收入	19 600	17 100
六、城乡居民基本养老保险基金收入	2 048 000	1 784 400
保险费收入	562 100	322 400
财政补贴收入	1 409 800	1 375 300
利息收入	44 200	48 600
七、城乡居民基本医疗保险基金收入	3 373 300	3 830 900
保险费收入	773 100	1 025 100
财政补贴收入	2 461 800	2 652 500
利息收入	56 000	55 900
八、机关事业单位基本养老保险基金收入	1 671 100	7 290 000
保险费收入	862 000	6 657 100
财政补贴收入	770 300	570 600
利息收入	23 500	50 300

表 4－127　　　　　　　　广东省社会保险基金预算支出　　　　　　　　单位:万元

科　目	2015 年	2016 年
广东省社会保险基金支出合计	29 305 100	39 249 100
其中:社会保险待遇支出	25 766 800	35 383 000
一、企业职工基本养老保险基金支出	16 308 100	17 797 600
其中:养老保险待遇支出	13 354 700	14 604 200
二、失业保险基金支出	415 900	1 207 700
其中:失业保险待遇支出	377 300	1 163 500

科　目	2015 年	2016 年
三、城镇职工基本医疗保险基金支出	6 585 900	7 442 900
其中:基本医疗保险待遇支出	6 370 800	7 167 600
四、工伤保险基金支出	512 900	586 800
其中:工伤保险待遇支出	452 200	520 500
五、生育保险基金支出	411 600	794 300
其中:生育保险待遇支出	411 600	794 300
六、城乡居民基本养老保险基金支出	1 441 200	1 608 500
其中:基本养老金支出	1 408 400	1 571 000
七、城乡居民基本医疗保险基金支出	2 944 500	3 330 300
其中:基本医疗保险待遇支出	2 738 400	3 103 100
八、机关事业单位基本养老保险基金支出	685 000	6 481 000
其中:养老保险待遇支出	653 400	6 458 800

2015—2016 年广东省社会保险基金结余见表 4—128。

表 4—128　　　　　　　　　　广东省社会保险基金结余　　　　　　　　　　单位:万元

科　目	2015 年	2016 年
广东省社会保险基金本年收支结余	15 757 800	12 667 100
广东省社会保险基金年末累计结余	95 910 900	108 578 000
一、企业职工基本养老保险基金本年收支结余	10 073 500	9 433 100
企业职工基本养老保险基金年末累计结余	61 354 200	70 787 300
二、失业保险基金本年收支结余	1 146 600	−176 000
失业保险基金年末累计结余	6 303 600	6 127 600
三、城镇职工基本医疗保险基金本年收支结余	2 009 400	1 973 300
城镇职工基本医疗保险基金年末累计结余	15 682 200	17 655 500
四、工伤保险基金本年收支结余	211 500	−6 000
工伤保险基金年末累计结余	2 382 500	2 376 500
五、生育保险基金本年收支结余	295 100	−42 800
生育保险基金年末累计结余	1 032 900	990 100
六、城乡居民基本养老保险基金本年收支结余	606 800	175 900
城乡居民基本养老保险基金年末累计结余	3 582 100	3 758 000

续表

科　目	2015 年	2016 年
七、城乡居民基本医疗保险基金本年收支结余	428 800	500 600
城乡居民基本医疗保险基金年末累计结余	2 647 600	3 148 200
八、机关事业单位基本养老保险基金本年收支结余	986 100	809 000
机关事业单位基本养老保险基金年末累计结余	2 925 800	3 734 800

4.20 广西壮族自治区财政概览

4.20.1 一般公共预算收支

2014－2016 年广西壮族自治区一般公共预算收支见表 4－129 和表 4－130。

表 4－129　　　　　　　　　　广西壮族自治区一般公共预算收入　　　　　　　　单位:万元

科　目	2014 年	2015 年	2016 年
税收收入	9 780 700	10 315 738	10 770 000
增值税	1 264 500	988 643	1 038 075
改征增值税		410 979	431 528
营业税	3 212 600	3 219 046	3 202 951
企业所得税	1 093 500	1 096 884	1 104 884
个人所得税	302 200	347 598	382 358
资源税	171 000	180 611	189 642
城市维护建设税	531 400	635 552	699 107
房产税	235 600	275 224	316 508
印花税	139 600	142 667	145 520
城镇土地使用税	234 500	260 450	281 286
土地增值税	683 000	570 897	570 897
车船税	105 900	124 883	145 615
耕地占用税	1 041 800	1 282 505	1 466 401
契税	752 400	771 474	786 903
烟叶税	12 600	8 325	8 325
其他税收收入			
非税收入	4 442 100	4 835 092	4 830 000

续表

科 目	2014 年	2015 年	2016 年
专项收入	429 900	1 273 133	1 280 000
行政事业性收费收入	1 140 400	978 066	928 000
罚没收入	353 000	400 057	410 000
国有资本经营收入	1 038 900	882 447	890 000
国有资源(资产)有偿使用收入	1 067 300	965 866	977 000
其他收入	412 700	335 523	345 000
本年收入合计	14 222 800	15 150 830	15 600 000
中央税收返还及转移支付	19 453 100	18 254 831	22 084 755
省补助计划单列市收入			
地方政府债券收入	1 110 000	8 900 000	5 310 000
债务转贷收入			
债务转贷资金上年结余			
上年结余收入	2 205 400	2 435 161	1 826 527
调入预算稳定调节基金	596 200	1 000 000	1 134 558
调入资金	1 158 300	1 449 787	1 071 345
接受其他地区援助收入			
收入总计	38 745 700	51 020 533	45 723 929

表 4-130　　　　　广西壮族自治区一般公共预算支出　　　　　单位:万元

科 目	2014 年	2015 年	2016 年
一般公共服务支出	4 059 900	3 925 529	3 688 202
外交支出		4 569	
国防支出	99 300	98 578	108 813
公共安全支出	1 922 200	2 208 033	2 199 882
教育支出	6 605 300	7 908 994	7 903 047
科学技术支出	599 300	489 375	658 776
文化体育与传媒支出	685 200	790 029	771 005
社会保障和就业支出	3 871 800	4 598 496	4 582 952
医疗卫生与计划生育支出	3 553 300	4 133 703	4 253 677
节能环保支出	840 000	987 088	969 831
城乡社区支出	2 693 400	3 284 123	3 158 842

续表

科 目	2014 年	2015 年	2016 年
农林水支出	3 912 900	4 956 171	4 772 709
交通运输支出	2 049 200	2 381 488	2 364 306
资源勘探信息等支出	1 195 800	1 285 981	1 299 306
商业服务业等支出	313 500	463 370	344 380
金融支出	26 500	337 917	30 396
援助其他地区支出		13	
国土海洋气象等支出	390 400	470 104	425 020
住房保障支出	1 146 700	1 741 357	1 353 076
粮油物资储备支出	206 100	233 541	194 237
预备费			400 000
债务付息支出	233 900	164 336	261 366
债务发行费用支出		8 409	9 000
其他支出	393 300	293 007	595 648
本年支出合计	34 797 900	40 764 211	40 344 471
上解中央支出	72 400	138 916	138 916
计划单列市上解省支出			
增设预算周转金			
拨付债务转贷资金数			
债务转贷资金结余			
地方政府债券还本	300 000	7 538 354	5 310 000
安排预算稳定调节基金	1 048 900	821 983	
调出资金	89 300		
援助其他地区支出	2 000		
年终结余	2 435 200	1 826 527	
支出总计	38 745 700	51 020 533	45 723 929

4.20.2 政府性基金预算收支

2015—2016 年广西壮族自治区政府性基金预算收支见表 4—131 和表 4—132。

表 4—131　　　　　　　　广西壮族自治区政府性基金预算收入　　　　　　　单位：万元

科 目	2015 年	2016 年
一、农网还贷资金收入	68 573	70 000

续表

科　目	2015 年	2016 年
二、大中型水库库区基金收入	19 516	15 000
三、散装水泥专项资金收入	5 090	5 218
四、新型墙体材料专项基金收入	19 236	12 265
五、政府住房基金收入	132 082	
六、国有土地使用权出让金收入	5 069 049	5 260 121
七、农业土地开发资金收入	24 673	37 898
八、新增建设用地土地有偿使用费收入	228 953	190 000
九、彩票公益金收入	101 240	92 523
十、车辆通行费	641 710	616 860
十一、国家重大水利工程建设基金收入	34 503	35 000
十二、国有土地收益基金收入	211 637	343 018
十三、彩票发行机构和销售机构的业务费用	40 353	40 619
十四、城市公用事业附加收入	34 292	29 669
十五、其他政府性基金收入	329 493	270 386
政府性基金预算收入合计	6 960 400	7 018 577
转移性收入	3 779 893	7 984 486
上级补助收入	483 011	156 688
上年结余收入	2 976 882	2 607 798
调入资金		
专项债务收入	320 000	5 220 000
其中:发行新增专项债券收入	320 000	
发行置换专项债券收入		5 220 000
收入总计	10 740 293	15 003 063

表 4—132　　　　　广西壮族自治区政府性基金预算支出　　　　　单位:万元

科　目	2015 年	2016 年
一、教育支出		
二、文化体育与传媒支出	4 072	2 440
三、社会保障和就业支出	142 020	173 659
四、节能环保支出	－ 5 773	
五、城乡社区支出	5 609 657	6 690 280

续表

科 目	2015 年	2016 年
六、农林水支出	83 009	74 804
七、交通运输支出	769 614	657 185
八、资源勘探信息等支出	86 898	77 522
九、商业服务业等支出	3 007	2 559
十、其他支出	232 962	340 017
十一、债务付息支出		1 000
十二、债务发行费用支出		100
政府性基金预算支出合计	6 925 466	8 019 566
转移性支出	3 814 827	1 763 497
上解上级支出		
补助下级支出		
调出资金	1 202 029	612 207
地方政府专项债务还本支出	5 000	5 220 000
年终结余	2 607 798	1 151 290
支出总计	10 740 293	15 003 063

4.20.3 国有资本经营预算收支

2015—2016 年广西壮族自治区国有资本经营预算收支见表 4—133 和表 4—134。

表 4—133　　　　　　　广西壮族自治区国有资本经营预算收入　　　　　　单位:万元

科 目	2015 年	2016 年
一、利润收入	88 758	85 620
金融企业利润收入	21 486	8 000
电力企业利润收入	182	170
有色冶金采掘企业利润收入	69	64
煤炭企业利润收入		432
钢铁企业利润收入	3 232	1 200
化工企业利润收入		
运输企业利润收入	12 430	9 243
机械企业利润收入	415	500
投资服务企业利润收入	25 282	46 712
贸易企业利润收入	2 650	2 375

续表

科　目	2015 年	2016 年
建筑施工企业利润收入	6 442	7 645
房地产企业利润收入	451	2 348
农林牧渔企业利润收入	1 947	600
教育文化广播企业利润收入	1 736	1 550
转制科研院所利润收入	200	300
科学研究企业利润收入	135	
其他国有资本经营预算企业利润收入	12 101	4 481
二、股利、股息收入	15 919	10 963
国有控股公司股利、股息收入	9 838	7 292
国有参股公司股利、股息收入	5 605	3 671
其他国有资本经营预算企业股利、股息收入	476	
三、产权转让收入	10	2 000
国有独资企业产权转让收入		2 000
其他国有资本经营预算企业产权转让收入	10	
四、清算收入		11 162
国有独资企业清算收入		11 162
五、其他国有资本经营收入	70 246	3 679
国有资本经营预算收入合计	174 933	113 424
转移性收入	6 441	12 497
上年结余收入	6 441	12 497
收入总计	181 374	125 920

表 4—134　　　　　　　　　广西壮族自治区国有资本经营预算支出　　　　　　　单位:万元

科　目	2015 年	2016 年
解决历史遗留问题及改革成本支出	1 927	12 505
厂办大集体改革支出	203	13
"三供一业"移交补助支出	365	2 000
国有企业办职教幼教补助支出		2 000
国有企业办公共服务机构移交补助支出		
国有企业退休人员社会化管理补助支出		
国有企业棚户区改造支出		

续表

科　目	2015 年	2016 年
国有企业改革成本支出	595	3 756
其他解决历史遗留问题及改革成本支出	764	4 736
国有企业资本金注入	48 797	77 231
国有经济结构调整支出	22 906	28 256
公益性设施投资支出	17 522	17 164
前瞻性战略性产业发展支出		15 000
支持科技进步支出	900	2 945
对外投资合作支出		150
其他国有企业资本金注入	7 469	13 716
国有企业政策性补贴		15
其他国有资本经营预算支出	133	1 529
国有资本经营预算支出合计	50 857	91 279
转移性支出	130 517	34 641
调出资金	118 020	34 641
年终结余	12 497	
支出总计	181 374	125 920

4.20.4　社会保险基金预算收支

2015—2016 年广西壮族自治区社会保险基金收支见表 4—135 和表 4—136。

表 4—135　　　　　　　　**广西壮族自治区社会保险基金预算收入**　　　　　　单位:万元

科　目	2015 年	2016 年
全区社会保险基金收入合计	9 249 792	12 720 037
企业职工基本养老保险基金收入	4 508 376	4 901 887
机关事业单位基本养老保险基金收入	0	2 650 897
城乡居民基本养老保险基金收入	820 108	888 035
城镇职工基本医疗保险基金收入	1 282 926	1 361 741
城镇居民基本医疗保险基金收入	236 946	265 217
新型农村合作医疗基金收入	1 979 310	2 277 651
工伤保险基金收入	78 070	70 903
失业保险基金收入	266 958	236 641
生育保险基金收入	77 099	67 065

表 4-136　　　　　　　　广西壮族自治区社会保险基金预算支出　　　　　　单位:万元

科　目	2015 年	2016 年
全区社会保险基金支出合计	8 779 254	12 766 554
企业职工基本养老保险基金支出	4 752 530	5 441 336
机关事业单位基本养老保险基金支出	0	2 634 688
城乡居民基本养老保险基金支出	644 037	710 108
城镇职工基本医疗保险基金支出	1 196 239	1 337 536
城镇居民基本医疗保险基金支出	151 909	179 411
新型农村合作医疗基金支出	1 813 619	2 156 085
工伤保险基金支出	45 787	52 894
失业保险基金支出	122 759	192 920
生育保险基金支出	52 374	61 576
全区社会保险基金本年收支结余合计	470 538	-46 516

2015-2016 年广西壮族自治区社会保险基金预算结余见表 4-137。

表 4-137　　　　　　　　广西壮族自治区社会保险基金预算结余　　　　　　单位:万元

科　目	2015 年	2016 年
全区社会保险基金年末滚存结余合计	9 596 103	9 549 587
一、企业职工基本养老保险基金本年收支结余	-244 154	-539 450
企业职工基本养老保险基金年末滚存结余	4 236 241	3 696 792
二、机关事业单位基本养老保险基金本年收支结余	0	16 209
机关事业单位基本养老保险基金年末滚存结余	0	16 209
三、城乡居民基本养老保险基金本年收支结余	176 071	177 927
城乡居民基本养老保险基金年末滚存结余	844 418	1 022 345
四、城镇职工基本医疗保险基金本年收支结余	86 687	24 206
城镇职工基本医疗保险基金年末滚存结余	1 696 879	1 721 084
五、城镇居民基本医疗保险基金本年收支结余	85 037	85 806
城镇居民基本医疗保险基金年末滚存结余	435 846	521 652
六、新型农村合作医疗基金本年收支结余	165 691	121 566
新型农村合作医疗基金年末滚存结余	705 992	827 558
七、工伤保险基金本年收支结余	32 283	18 009
工伤保险基金年末滚存结余	266 318	284 327

续表

科　目	2015 年	2016 年
八、失业保险基金本年收支结余	144 199	43 722
失业保险基金年末滚存结余	1 248 097	1 291 819
九、生育保险基金本年收支结余	24 725	5 489
生育保险基金年末滚存结余	162 313	167 802

4.21　海南省财政概览

4.21.1　一般公共预算收支

2014—2016 年海南省一般公共预算收支见表 4—138 和表 4—139。

表 4—138　　　　　　　　　　海南省一般公共预算收入　　　　　　　　　　单位:万元

科　目	2014 年	2015 年	2016 年
税收收入	4 805 500		5 538 824
增值税	547 200		714 089
营业税	1 543 300		1 845 930
企业所得税	676 800		672 228
个人所得税	134 200		195 528
资源税	26 300		28 106
城市维护建设税	188 200		269 842
房产税	125 200		152 381
印花税	68 400		68 423
城镇土地使用税	207 100		278 706
土地增值税	752 200		800 819
车船税	25 600		34 129
耕地占用税	136 800		137 557
契税	374 200		341 086
烟叶税			
其他税收收入			
非税收入	747 500		1 288 783

续表

科　目	2014 年	2015 年	2016 年
专项收入	121 100		476 773
行政事业性收费收入	213 000		147 282
罚没收入	95 000		116 923
国有资本经营收入	107 600		128 120
国有资源(资产)有偿使用收入	147 500		357 245
其他收入	63 400		62 440
本年收入合计	5 553 100	6 277 000	6 827 607
中央税收返还及转移支付	4 923 500	5 363 000	5 191 206
省补助计划单列市收入			
地方政府债券收入	600 000	1 648 000	1 171 332
债务转贷收入			
债务转贷资金上年结余			
上年结余收入	429 300	834 000	501 208
调入预算稳定调节基金	317 100	459 000	1 287 620
调入资金	723 900	772 000	128 732
接受其他地区援助收入			
收入总计	12 546 900	15 353 000	15 107 705

表 4—139　　　　　　　　　　海南省一般公共预算支出　　　　　　　　　单位:万元

科　目	2014 年	2015 年	2016 年
一般公共服务支出	1 114 000		1 093 777
外交支出	8 200		11 077
国防支出	42 800		67 265
公共安全支出	677 100		775 738
教育支出	1 759 500		2 105 149
科学技术支出	135 300		124 843
文化体育与传媒支出	235 100		257 061
社会保障和就业支出	1 425 200		1 826 601
医疗卫生与计划生育支出	884 600		1 047 833

续表

科　目	2014 年	2015 年	2016 年
节能环保支出	232 800		300 635
城乡社区支出	729 700		795 795
农林水支出	1 463 000		1 775 371
交通运输支出	863 900		1 034 400
资源勘探信息等支出	318 600		360 881
商业服务业等支出	87 600		91 862
金融支出	16 400		5 389
援助其他地区支出			
国土海洋气象等支出	142 500		136 839
住房保障支出	393 700		513 320
粮油物资储备支出	32 100		30 143
预备费			209 046
债务付息支出	60 700		74 177
其他支出	374 600		221 293
本年支出合计	10 997 400	12 415 000	12 858 495
上解中央支出	20 200	1 328 000	23 070
计划单列市上解省支出			
增设预算周转金			
拨付债务转贷资金数			
债务转贷资金结余			
地方政府债券还本	140 000	1 109 000	1 227 902
安排预算稳定调节基金	520 000		503 000
调出资金	35 500		
援助其他地区支出	500		
年终结余	833 400	501 000	495 238
支出总计	12 546 900	15 353 000	15 107 705

4.21.2　政府性基金预算收支

2014—2016 年海南省政府性基金预算收支见表 4—140。

表 4－140 　　　　　　　　　　海南省政府性基金预算收支 　　　　　　　单位:万元

科　目	2014 年	2015 年	2016 年
基金收入	3 676 000	3 215 000	3 451 000
债务收入		582 000	1 092 000
转移性收入	1 341 000	1 315 000	802 000
基金总收入		5 112 000	5 345 000
基金支出	3 611 000	3 392 000	3 549 000
债务还本支出		502 000	1 092 000
调出资金		504 000	283 000
基金总支出		4 398 000	4 924 000
年终结余结转		714 000	421 000

4.21.3　国有资本经营预算收支

2015－2016 年海南省国有资本经营预算收支见表 4－141。

表 4－141 　　　　　　　　　海南省国有资本经营预算收支 　　　　　　　单位:万元

科　目	2015 年	2016 年
收入	47 000	80 000
当年收入		64 000
上年结余		16 000
支出	31 000	80 000
资本性支出	11 000	25 000
费用性支出	4 000	1 000
其他支出	16 000	54 000
年终结余	16 000	

4.21.4　社会保险基金预算收支

2015 年海南省社会保险基金情况见表 4－142。

表 4－142 　　　　　　　　　2015 年海南省社会保险基金情况 　　　　　　　单位:万元

科　目	收入	支出	当年结余	滚存结余
全省社会保险基金	2 706 000	2 476 000	230 000	2 733 000

2016 年海南省社会保险基金情况见表 4－143。

表 4—143　　　　　　　　　　2016 年海南省社会保险基金情况　　　　　　　单位:万元

科　目	收入	支出	滚存结余
一、企业职工基本养老保险基金	1 350 129	1 343 578	1 000 441
二、机关事业单位基本养老保险基金	304 600	299 215	17 857
三、城乡居民基本养老保险基金	291 943	138 485	519 649
四、城镇职工基本医疗保险基金	519 665	412 111	733 104
五、城乡居民基本医疗保险基金	27 737	29 473	16 848
六、新型农村合作医疗基金	268 626	251 504	158 373
七、城镇居民基本医疗保险基金	81 864	69 124	110 620
八、工伤保险基金	25 950	16 058	112 580
九、失业保险基金	68 625	50 358	340 636
十、生育保险基金	23 686	20 799	54 879
合　计	2 962 825	2 630 705	3 064 987

4.22　重庆市财政概览

4.22.1　一般公共预算收支

2014—2016 年重庆市一般公共预算收支见表 4—144 和表 4—145。

表 4—144　　　　　　　　　　重庆市一般公共预算收入　　　　　　　　　单位:万元

科　目	2014 年	2015 年	2016 年
税收收入	12 818 300	14 509 000	16 180 000
增值税	1 532 900		
营业税	4 440 900		
企业所得税	1 577 200		
个人所得税	432 400		
资源税	97 100		
城市维护建设税	743 500		
房产税	403 700		
印花税	206 800		
城镇土地使用税	633 600		

续表

科 目	2014 年	2015 年	2016 年
土地增值税	962 200		
车船税	83 300		
耕地占用税	382 600		
契税	1 289 600		
烟叶税	32 500		
其他税收收入			
非税收入	6 401 900	7 042 000	7 630 000
专项收入	485 300		
行政事业性收费收入	3 488 600		
罚没收入	325 000		
国有资本经营收入			
国有资源(资产)有偿使用收入	1 701 900		
其他收入	401 000		
本年收入合计	19 220 200	21 551 000	23 810 000
中央税收返还及转移支付	12 515 000	13 483 000	10 610 000
省补助计划单列市收入			
地方政府债券收入	990 000	6 563 000	
债务转贷收入			
债务转贷资金上年结余	4 100		
上年结余收入	4 084 000	3 474 000	
调入预算稳定调节基金		641 000	960 000
调入资金	846 100	1 549 000	460 000
接受其他地区援助收入			
收入总计	37 659 300	47 261 000	35 840 000

表 4—145　　　　　　　　　　重庆市一般公共预算支出　　　　　　　　　　单位:万元

科 目	2014 年	2015 年	2016 年
一般公共服务支出	2 882 700		
外交支出	1 700		

科　目	2014 年	2015 年	2016 年
国防支出	68 600		
公共安全支出	1 595 600		
教育支出	4 699 800		
科学技术支出	381 600		
文化体育与传媒支出	360 200		
社会保障和就业支出	5 029 400		
医疗卫生与计划生育支出	2 463 400		
节能环保支出	1 055 100		
城乡社区支出	5 777 900		
农林水支出	2 916 200		
交通运输支出	2 608 700		
资源勘探信息等支出	1 476 600		
商业服务业等支出	347 900		
金融支出	97 600		
援助其他地区支出	18 900		
国土海洋气象等支出	390 200		
住房保障支出	643 900		
粮油物资储备支出	104 000		
预备费			
债务付息支出	87 100		
其他支出	36 900		
本年支出合计	33 043 900	37 938 000	35 570 000
上解中央支出	227 800	237 000	270 000
计划单列市上解省支出			
增设预算周转金			
拨付债务转贷资金数	200		
债务转贷资金结余	3 900		
地方政府债券还本	250 000	5 553 000	
安排预算稳定调节基金	659 600	1 187 000	
调出资金			

续表

科　目	2014 年	2015 年	2016 年
援助其他地区支出			
年终结余	3 473 900	2 346 000	
支出总计	37 659 300	47 261 000	35 840 000

4.22.2　政府性基金预算收支

2015－2016 年重庆市政府性基金预算收支见表 4－146。

表 4－146　　　　　　　　重庆市政府性基金预算收支　　　　　单位:万元

科　目	2015 年	2016 年
收入总计	22 801 000	15 280 000
本级收入	16 642 000	14 500 000
中央补助	1 183 000	780 000
地方政府债券收入	1 677 000	
上年结转	3 299 000	
支出总计	22 801 000	15 280 000
本级支出	17 530 000	14 940 000
调出资金	968 000	340 000
地方政府债务还本	1 427 000	
结转下年	2 876 000	

4.22.3　国有资本经营预算收支

2015－2016 年重庆市国有资本经营预算收支见表 4－147。

表 4－147　　　　　　　　重庆市国有资本经营预算收支　　　　　单位:万元

科　目	2015 年	2016 年
收入总计	919 000	570 000
本级收入	906 000	
上年结转	13 000	
支出总计	919 000	570 000
本级支出	751 000	450 000
调出资金	138 000	120 000
结转下年	30 000	

4.22.4 社会保险基金预算收支

2015—2016 年重庆市社会保险基金预算收支见表 4—148 和表 4—149。

表 4—148　　　　　　　　重庆市社会保险基金预算收入　　　　　单位:万元

科　目	2015 年	2016 年
总计	12 339 008	14 809 035
本级收入合计	12 339 008	14 809 035
一、基本养老保险基金收入	8 118 908	10 276 519
城镇企业职工基本养老保险基金	7 533 750	8 008 913
城乡居民社会养老保险基金	538 272	652 106
机关事业养老保险基金	46 886	1 615 500
二、基本医疗保险基金收入	3 686 808	3 989 201
城镇职工基本医疗保险基金	2 400 784	2 572 309
城乡居民合作医疗保险基金	1 286 024	1 416 892
三、失业保险基金收入	280 949	285 970
四、工伤保险基金收入	175 896	177 755
五、生育保险基金收入	76 447	79 590

表 4—149　　　　　　　　重庆市社会保险基金预算支出　　　　　单位:万元

科　目	2015 年	2016 年
总计	12 339 008	14 809 035
本级支出合计	11 007 452	13 522 052
一、基本养老保险基金支出	7 169 842	9 227 350
城镇企业职工基本养老保险基金	6 591 154	7 121 936
城乡居民社会养老保险基金	523 632	490 114
机关事业养老保险基金	55 056	1 615 300
二、基本医疗保险基金支出	3 389 522	3 806 600
城镇职工基本医疗保险基金	2 224 179	2 455 200
城乡居民合作医疗保险基金	1 165 343	1 351 400
三、失业保险基金支出	149 205	153 302
四、工伤保险基金支出	198 467	205 400
五、生育保险基金支出	100 416	129 400
本年收支结余	1 331 556	1 286 983

4.23　四川省财政概览

4.23.1　一般公共预算收支

2014—2016 年四川省一般公共预算的收支见表 4－150 和表 4－151。

表 4－150　　　　　　　　　　　四川省一般公共预算收入　　　　　　　　　单位:万元

科　目	2014 年	2015 年	2016 年
税收收入	23 124 600	23 531 000	
增值税	3 064 500		
营业税	8 052 400		
企业所得税	2 860 600		
个人所得税	972 000		
资源税	291 000		
城市维护建设税	1 265 500		
房产税	658 000		
印花税	316 900		
城镇土地使用税	611 100		
土地增值税	1 505 300		
车船税	224 600		
耕地占用税	1 079 500		
契税	2 118 300		
烟叶税	104 900		
其他税收收入			
非税收入	7 486 100	9 760 000	
专项收入	1 107 400		
行政事业性收费收入	1 995 200		
罚没收入	615 000		
国有资本经营收入	409 000		
国有资源(资产)有偿使用收入	2 368 300		
其他收入	991 400		
本年收入合计	30 610 700	33 291 000	34 290 000
中央税收返还及转移支付	35 117 900		29 546 000

续表

科　目	2014 年	2015 年	2016 年
省补助计划单列市收入			
地方政府债券收入	2 000 000		
债务转贷收入			
债务转贷资金上年结余	1 600		
上年结余收入	6 330 900		
调入预算稳定调节基金	431 400		1 945 000
调入资金	1 083 400		122 000
接受其他地区援助收入	2 000		
收入总计	75 578 000	75 117 000	65 903 000

注:2016 年收入预算中,四川省公布的"收入总计"数据扣除了上缴中央支出 16.5 万元,为 6 573.8 万元。

表 4－151　　　　　　　　　　　　　四川省一般公共预算收入　　　　　　　　　　　　单位:万元

科　目	2014 年	2015 年	2016 年
一般公共服务支出	5 756 700		
外交支出			
国防支出	145 900		
公共安全支出	3 191 900		
教育支出	10 569 100		
科学技术支出	817 600		
文化体育与传媒支出	1 356 500		
社会保障和就业支出	9 270 100		
医疗卫生与计划生育支出	5 841 000		
节能环保支出	1 686 900		
城乡社区支出	5 281 300		
农林水支出	8 265 900		
交通运输支出	5 438 300		
资源勘探信息等支出	2 015 000		
商业服务业等支出	699 200		
金融支出	73 300		
援助其他地区支出	42 100		

续表

科　目	2014 年	2015 年	2016 年
国土海洋气象等支出	774 400		
住房保障支出	3 076 200		
粮油物资储备支出	398 800		
预备费			
债务付息支出	902 700		
其他支出	2 363 200		
本年支出合计	67 966 100		
上解中央支出	126 700		165 000
计划单列市上解省支出			
增设预算周转金			
拨付债务转贷资金数	200		
债务转贷资金结余	1 500		
地方政府债券还本	670 000		
安排预算稳定调节基金	1 356 400	2 699 000	
调出资金	114 900		
因科目跨年实施需要结转下年继续使用		4 914 000	
援助其他地区支出	1 600		
年终结余	5 340 700	7 613 000	
支出总计	75 578 000	75 117 000	65 903 000

4.23.2　政府性基金预算收支

2015—2016 年四川省政府性基金预算收支见表 4—152。

表 4—152　　　　　　　　　四川省政府性基金预算收支　　　　　　　　　单位：万元

科　目	2015 年	2016 年
收入	17 654 000	10 070 000
中央补助、上年结余、地方政府专项债券等		171 000
收入合计	27 295 000	10 241 000
支出	18 664 000	
调出资金、偿还地方政府专项债务等		
支出合计	24 972 000	10 241 000
结余	2 323 000	

4.23.3 国有资本经营预算收支

2015—2016 年四川省国有资本经营预算收支见表 4—153。

表 4—153 四川省国有资本经营预算收支 单位:万元

科 目	2015 年	2016 年
收入	251 000	334 000
上年结转	55 000	65 000
收入合计	306 000	399 000
支出	241 000	399 000
结转资金	65 000	0
支出合计	306 000	399 000

4.23.4 社会保险基金预算

2015—2016 年四川省社会保险基金预算收支见表 4—154。

表 4—154 四川省社会保险基金预算收支 单位:万元

科 目	2015 年	2016 年
收入	25 180 000	30 094 000
支出	23 531 000	29 683 000
滚存结余	33 159 000	33 665 000

4.24 贵州省财政概览

4.24.1 一般公共预算收支

2014—2016 年贵州省一般公共预算收支见表 4—155 和表 4—156。

表 4—155 贵州省一般公共预算收入 单位:万元

科 目	2014 年	2015 年	2016 年
税收收入	10 267 000	11 259 607	
增值税	1 170 300	1 204 443	
营业税	3 444 900	3 530 816	
企业所得税	1 238 400	1 273 076	
个人所得税	325 200	332 728	

续表

科 目	2014 年	2015 年	2016 年
资源税	170 500		
城市维护建设税	576 400	597 997	
房产税	234 300		
印花税	116 400		
城镇土地使用税	184 400		
土地增值税	646 400		
车船税	73 000		
耕地占用税	1 220 300	1 462 635	
契税	669 300	733 982	
烟叶税	197 300	220 481	
其他税收收入		1 903 449	
非税收入	3 399 700	3 773 864	
专项收入	650 800	965 829	
行政事业性收费收入	707 300	757 206	
罚没收入	332 900	326 041	
国有资本经营收入	129 100	158 038	
国有资源(资产)有偿使用收入	967 400	1 139 727	
其他收入	612 100	427 023	
本年收入合计	13 666 700	15 033 471	16 230 000
中央税收返还及转移支付	21 428 300		
省补助计划单列市收入			
地方政府债券收入	1 120 000		
债务转贷收入			
债务转贷资金上年结余	1 100		
上年结余收入	1 564 900		
调入预算稳定调节基金	1 027 300		
调入资金	350 500		
接受其他地区援助收入			
收入总计	39 158 900		40 000 000

表 4—156　　　　　　　　　　　　贵州省一般公共预算支出　　　　　　　　　　单位:万元

科　目	2014 年	2015 年	2016 年
一般公共服务支出	4 224 900	4 329 427	
外交支出			
国防支出	52 500	51 331	
公共安全支出	1 879 700	2 148 253	
教育支出	6 370 300	7 706 244	
科学技术支出	443 400	581 872	
文化体育与传媒支出	546 900	613 679	
社会保障和就业支出	2 997 200	3 395 722	
医疗卫生与计划生育支出	3 032 500	3 574 953	
节能环保支出	853 400	958 670	
城乡社区支出	1 012 900	1 275 249	
农林水支出	4 471 900	5 346 084	
交通运输支出	4 320 100	3 925 614	
资源勘探信息等支出	858 200	934 705	
商业服务业等支出	211 200	250 900	
金融支出	5 200	7 986	
援助其他地区支出			
国土海洋气象等支出	263 100	398 143	
住房保障支出	2 890 000	2 990 762	
粮油物资储备支出	84 300	148 101	
预备费			
债务付息支出	164 200	144 044	
债务发行费用支出		23 592	
其他支出	746 200	496 813	
本年支出合计	35 428 000	39 302 144	
上解中央支出	47 100		
计划单列市上解省支出			
增设预算周转金			
拨付债务转贷资金数			
债务转贷资金结余	1 100		

续表

科 目	2014 年	2015 年	2016 年
地方政府债券还本	270 000		
安排预算稳定调节基金	1 707 200		
调出资金	20 100		
援助其他地区支出	200		
年终结余	1 685 100		
支出总计	39 158 900		40 000 000

4.24.2 政府性基金预算收支

2014—2016 年贵州省政府性基金预算收支见表 4—157 和表 4—158。

表 4—157　　　　　　　　　贵州省政府性基金预算收入　　　　　　　　　单位:万元

科 目	2014 年	2015 年	2016 年
一、继续纳入基金管理科目			
小型水库移民扶助基金收入	2 524	2 538	
政府住房基金收入	95 953	133 127	
国有土地使用权出让收入	7 114 262	5 821 010	
城市公用事业附加收入	38 320	35 532	
国有土地收益基金收入	121 668	72 222	
农业土地开发资金收入	80 048	63 995	
新增建设用地土地有偿使用费收入	168 228	140 117	
城市基础设施配套费收入	83 371	67 168	
污水处理费收入	37 621	37 621	
新菜地开发建设基金收入	355	355	
大中型水库库区基金收入	22 935	26 157	
国家重大水利工程建设基金收入	23 830	24 114	
水土保持补偿费收入	7 903	7 903	
无线电频率占用费	313	301	
散装水泥专项资金收入	1 796	1 541	
新型墙体材料专项基金收入	6 238	7 111	
彩票公益金收入	68 011	76 982	
其他政府性基金收入	167 349	100 826	
二、转列一般公共预算基金科目			

续表

科　目	2014 年	2015 年	2016 年
地方教育附加收入	186 954		
文化事业建设费收入	11 171		
残疾人就业保障金收入	30 666		
教育资金收入	47 148		
农田水利建设资金收入	49 147		
育林基金收入	10 961		
森林植被恢复费	36 957		
船舶港务费	44		
地方水利建设基金收入	17 324		
政府性基金收入合计	8 385 218	6 618 620	5 787 400

表 4—158　　　　　　　　　　贵州省政府性基金预算支出　　　　　　　　　　单位:万元

科　目	2014 年	2015 年	2016 年
一、继续纳入基金管理科目			
小型水库移民扶助基金支出	2 610	6 306	
政府住房基金支出	78 176	95 678	
国有土地使用权出让收入安排的支出	6 940 076	5 410 713	
城市公用事业附加安排的支出	49 155	35 554	
国有土地收益基金支出	113 620	46 891	
农业土地开发资金支出	78 943	50 340	
新增建设用地有偿使用费安排的支出	191 493	189 496	
城市基础设施配套费安排的支出	67 002	66 677	
污水处理费安排的支出	15 150	15 150	
新菜地开发建设基金支出	27	811	
大中型水库库区基金支出	25 741	59 507	
国家重大水利工程建设基金支出	27 547	22 239	
水土保持补偿费安排的支出	2 618	2 618	
无线电频率占用费安排的支出	6 242	5 480	
散装水泥专项资金支出	397	154	
新型墙体材料专项基金支出	3 938	2 694	
彩票公益金安排的支出	205 252	143 947	

科　目	2014 年	2015 年	2016 年
国家电影事业发展专项资金支出	1 613	4 814	
大中型水库移民后期扶持基金支出	76 232	129 118	
可再生能源电价附加收入安排的支出	719	719	
港口建设费安排的支出	3 000	13 580	
民航发展基金支出	18 256	124 590	
旅游发展基金支出	1 898	2 606	
彩票发行销售机构业务费安排的支出	52	52	
其他政府性基金支出	161 701	86 846	
二、转列一般公共预算基金科目			
地方教育附加安排的支出	137 742		
文化事业建设费安排的支出	10 498		
残疾人就业保障金支出	23 182		
教育资金安排的支出	35 068		
农田水利建设资金安排的支出	92 719		
育林基金支出	11 387		
森林植被恢复费安排的支出	33 966		
船舶港务费	3		
地方水利建设基金支出	23 962		
中央水利建设基金支出	4 159		
政府性基金支出合计	8 425 605	6 516 580	5 787 400

4.24.3　国有资本经营预算收支

贵州省无国有资本经营预算收支的信息。

4.24.4　社会保险基金预算收支

2015－2016 年贵州省社会保险基金预算收支见表 4－159。

表 4－159　　　　　　　　贵州省社会保险基金预算收支　　　　　　　　单位:万元

科　目	2015 年	2016 年
收入	6 417 900	6 394 200
支出	5 430 800	5 971 500

4.25　云南省财政概览

4.25.1　一般公共预算收支

2014—2016 年云南省一般公共预算收支见表 4—160 和表 4—161。

表 4—160　　　　　　　　　云南省一般公共预算收入　　　　　　　　单位:万元

科　目	2014 年	2015 年	2016 年
税收收入	12 332 300	12 105 400	13 510 000
增值税	1 861 100		
营业税	3 963 100		
企业所得税	1 596 300		
个人所得税	481 800		
资源税	171 300		
城市维护建设税	1 184 200		
房产税	345 300		
印花税	172 900		
城镇土地使用税	239 800		
土地增值税	438 600		
车船税	133 900		
耕地占用税	553 500		
契税	609 600		
烟叶税	580 800		
其他税收收入			
非税收入	4 648 300	5 976 100	5 470 000
专项收入	1 681 600		
行政事业性收费收入	1 035 800		
罚没收入	495 700		
国有资本经营收入	8 000		
国有资源(资产)有偿使用收入	767 700		
其他收入	659 500		
本年收入合计	16 980 600	18 081 400	18 980 000
中央税收返还及转移支付	24 726 200	25 309 500	25 940 000

续表

科　目	2014 年	2015 年	2016 年
省补助计划单列市收入			
地方政府债券收入	1 930 000	10 014 000	8 506 000
债务转贷收入			
债务转贷资金上年结余	100		
上年结余收入	2 125 100	3 116 900	2 153 600
调入预算稳定调节基金			
调入资金	2 499 900	2 869 100	1 993 400
接受其他地区援助收入	15 000		
收入总计	48 276 900	59 391 000	57 572 900

表 4—161　　　　　　　　　云南省一般公共预算支出　　　　　　　　单位:万元

科　目	2014 年	2015 年	2016 年
一般公共服务支出	3 994 800		
外交支出	300		
国防支出	94 100		
公共安全支出	2 196 600		
教育支出	6 749 400		
科学技术支出	431 500		
文化体育与传媒支出	562 100		
社会保障和就业支出	5 840 800		
医疗卫生与计划生育支出	3 524 100		
节能环保支出	1 088 800		
城乡社区支出	1 822 200		
农林水支出	5 944 500		
交通运输支出	6 401 600		
资源勘探信息等支出	789 200		
商业服务业等支出	297 400		
金融支出	47 300		
援助其他地区支出	800		
国土海洋气象等支出	986 500		
住房保障支出	1 648 400		

续表

科　目	2014 年	2015 年	2016 年
粮油物资储备支出	119 300		
预备费			
债务付息支出	1 165 600		
其他支出	674 600		
本年支出合计	44 379 800		
上解中央支出	58 800		
计划单列市上解省支出			
增设预算周转金	−18 600		
拨付债务转贷资金数			
债务转贷资金结余	100		
地方政府债券还本	390 000		
安排预算稳定调节基金	203 200		
调出资金	146 800		
援助其他地区支出			
年终结余	3 116 900		
支出总计	48 276 900	59 391 000	57 572 900

4.25.2　政府性基金预算收支

2014—2016 年云南省政府性基金预算收支见表 4—162。

表 4—162　　　　　　　　　　云南省政府性基金预算收支　　　　　　　　　单位：万元

科　目	2014 年	2015 年	2016 年
收入总计	9 430 900	12 159 000	10 283 200
基金收入	7 117 400	4 021 700	3 800 000
地方政府专项债务收入		5 660 000	5 104 000
转移收入	467 900	508 000	404 500
上年结余收入	1 691 100	1 899 800	974 700
调入资金	154 500	69 500	
支出	6 277 000	4 467 000	4 357 000

4.25.3　国有资本经营预算收支

2015—2016 年云南省国有资本经营预算收支见表 4—163 和表 4—164。

表 4—163　　　　　　　　**云南省国有资本经营预算收入**　　　　　　　单位：万元

科　目	2015 年	2016 年
利润收入	32 000	64 000
股利股息收入	7 000	6 000
产权转让收入	2 000	3 000
其他收入	1 000	6 000
收入合计	42 000	79 000

表 4—164　　　　　　　　**云南省国有资本经营预算支出**　　　　　　　单位：万元

2015 年		2016 年	
科　目	金　额	科　目	金　额
交通运输支出	5 000	解决历史遗留问题及改革成本支出	2 000
资源勘探信息支出	4 000	国有企业资本金注入支出	47 000
商业服务业支出	6 000	调入一般公共预算用于保障和改善民生支出	23 000
其他支出	15 000	其他支出	7 000
转移性支出	6 000		
支出合计	36 000	支出合计	79 000

4.25.4　社会保险基金预算收支

2015—2016 年云南省社会保险基金预算收支见表 4—165。

表 4—165　　　　　　　　**云南省社会保险基金预算收支**　　　　　　　单位：万元

科　目	2015 年	2016 年
基金收入	8 803 000	11 919 000
保险费收入	5 494 800	7 929 000
利息收入	269 600	347 000
财政补贴收入	2 939 400	3 589 000
基金支出	7 348 000	10 197 000
社会保险待遇支出	7 086 700	9 893 000
当年收支结余	1 455 000	1 722 000
年末滚存结余	12 058 000	13 780 000

4.26 西藏自治区财政概览

4.26.1 一般公共预算收支

2014—2016 年西藏自治区一般公共预算收支见表 4—166 和表 4—167。

表 4—166 　　　　　　　　　　西藏自治区一般公共预算收入　　　　　　　单位:万元

科　目	2014 年	2015 年	2016 年
税收收入	858 600		
增值税	159 100	173 257	
营业税	319 800	415 294	
企业所得税	181 400	114 749	
个人所得税	94 400	84 751	
资源税	7 000		
城市维护建设税	57 300		
房产税			
印花税	16 500		
城镇土地使用税	1 600		
土地增值税	10 600		
车船税	7 600		
耕地占用税	3 400		
契税			
烟叶税			
其他税收收入			
非税收入	384 100	453 163	
专项收入	37 600		
行政事业性收费收入	32 500		
罚没收入	25 400		
国有资本经营收入	−1 600		
国有资源(资产)有偿使用收入	162 000		
其他收入	128 200		
本年收入合计	1 242 700	1 371 291	1 107 564
中央税收返还及转移支付	10 348 700		8 913 009

续表

科 目	2014 年	2015 年	2016 年
省补助计划单列市收入			
地方政府债券收入	130 000		
债务转贷收入			
债务转贷资金上年结余			
上年结余收入	1 439 100		1 672 232
调入预算稳定调节基金			262 758
调入资金			
接受其他地区援助收入			
收入总计	13 160 500	15 991 501	11 955 563

表 4—167 西藏自治区一般公共预算支出 单位:万元

科 目	2014 年	2015 年	2016 年
一般公共服务支出	1 640 900	2 200 237	
外交支出	2 600		
国防支出	18 800		
公共安全支出	693 600	1 083 181	
教育支出	1 420 800	1 652 514	
科学技术支出	44 200	57 781	
文化体育与传媒支出	341 000	332 978	
社会保障和就业支出	859 800	1 042 776	
医疗卫生与计划生育支出	488 600	656 048	
节能环保支出	292 300	549 637	
城乡社区支出	671 200	815 728	
农林水支出	1 692 400	1 999 840	
交通运输支出	1 731 700	1 740 407	
资源勘探信息等支出	567 300	273 022	
商业服务业等支出	104 500	117 581	
金融支出	26 200		
援助其他地区支出	100		
国土海洋气象等支出	94 700	154 902	
住房保障支出	704 900	490 283	

续表

科　目	2014 年	2015 年	2016 年
粮油物资储备支出	26 100	32 110	
预备费			
债务付息支出	8 700		
其他支出	424 300		
本年支出合计	11 855 100	13 822 246	
上解中央支出	3 200	3 067	
计划单列市上解省支出			
增设预算周转金			
拨付债务转贷资金数			
债务转贷资金结余			
地方政府债券还本		50 000	
安排预算稳定调节基金			
调出资金			
援助其他地区支出			
年终结余	1 302 200		
支出总计	13 160 500	15 991 501	11 955 563

4.26.2　政府性基金预算收支

2015－2016 年西藏自治区政府性基金预算收支见表 4－168。

表 4－168　　　　　　　西藏自治区政府性基金预算收支　　　　　　　单位:万元

科　目	2015 年	2016 年
收入	387 014	211 694
其他收入	218 931	162 070
收入合计	605 945	373 764
支出合计	434 770	373 764
年终结余	171 175	0

4.26.3　国有资本经营预算收支

2015－2016 年西藏自治区国有资本经营预算收支见表 4－169。

表 4-169　　　　　　　　　　**西藏自治区国有资本经营预算收支**　　　　　　　　　单位:万元

收　入			支　出		
科　目	2015 年	2016 年	科　目	2015 年	2016 年
一、利润收入		22 934.92	一、解决历史遗留问题及改革成本支出		17 608.75
二、股利、股息收入		66.04	二、国有企业资本金注入		8 380.27
三、产权转让收入			三、国有企业政策性补贴		
四、清算收入			四、金融国有资本经营预算支出		3 902.10
五、国有资本经营预算转移支付收入			五、调出资金		
六、其他国有资本经营预算收入			六、国有资本经营预算转移支付支出		
			七、其他国有资本经营预算支出		6 431.03
本年收入合计	15 608	23 000.96	本年支出合计	12 005	36 322.14
上年结转		13 321.18	结转下年		
收入总计		36 322.14	支出总计		36 322.14

4.26.4　社会保险基金预算收支

2015 年西藏自治区社会保险基金预算收支见表 4-170。

表 4-170　　　　　　　　**2015 年西藏自治区社会保险基金预算收支**　　　　　　　单位:万元

科　目	2015 年
收入	670 084
支出	526 643
当年收支结余	143 441
年末滚存结余	1 179 132

2016 年西藏自治区社会保险基金预算收入见表 4-171。

表 4-171　　　　　　　　**2016 年西藏自治区社会保险基金预算收入**　　　　　　　单位:万元

科　目	收入总计	保险费收入	投资收益	财政补贴收入	转移收入
合　计	1 452 465.11	1 039 900.78	15 394.65	391 634.36	5 535.32
企业职工基本养老保险基金	267 115.08	213 328.80	7 205.68	41 129.00	5 451.60
机关事业单位基本养老保险基金	728 297.75	567 348.73	865.30	160 000.00	83.72

续表

科 目	收入总计	保险费收入	投资收益	财政补贴收入	转移收入
城乡居民基本养老保险基金	66 133.67	13 437.79	48.98	52 646.90	
城镇职工基本医疗保险基金	206 821.36	202 397.51	4 423.85		
居民基本医疗保险基金	142 494.57	6 488.93	747.18	135 258.46	
工伤保险基金	8 829.16	8 174.15	55.01	600.00	
失业保险基金	19 216.28	17 192.62	2 023.66		
生育保险基金	13 557.24	11 532.25	24.99	2 000.00	

2016 年西藏自治区社会保险基金预算支出、结余见表 4—172。

表 4—172　　　　　　　　2016 年西藏自治区社会保险基金预算支出、结余　　　　　　单位:万元

科 目	支 出				本年收支结余	年末滚存结余
	支出总计	社会保险待遇支出	其他支出	转移支出		
合 计	1 082 977.65	1 079 799.32	1 257.39	1 920.94	369 487.46	1 548 515.56
企业职工基本养老保险基金	209 368.87	207 664.51	0	1 704.36	57 746.21	523 487.32
机关事业单位基本养老保险基金	467 023.41	466 570.58	236.25	216.58	261 274.34	261 274.34
城乡居民基本养老保险基金	46 502.85	46 502.85	0	0	19 630.82	132 246.63
城镇职工基本医疗保险基金	165 531.97	164 594.47	937.5	0	41 289.39	372 990.73
居民基本医疗保险基金	161 195.6	161 141.99	53.61	0	−18 701.03	79 101.12
工伤保险基金	6 316.76	6 316.76	0	0	2 512.4	31 137.62
失业保险基金	4 030.07	4 000.04	30.03	0	15 186.21	145 019.37
生育保险基金	23 008.12	23 008.12	0	0	−9 450.88	3 258.43

4.27　陕西省财政概览

4.27.1　一般公共预算收支

2014—2016 年陕西省一般公共预算收支见表 4—173 和表 4—174。

表 4-173 陕西省一般公共预算收入 单位:万元

科 目	2014 年	2015 年	2016 年
税收收入	13 356 800	12 902 000	
增值税	2 506 300	2 339 000	
营业税	3 992 800	3 984 000	
企业所得税	1 565 300	1 473 000	
个人所得税	468 700	533 000	
资源税	849 000	907 000	
城市维护建设税	869 300	776 000	
房产税	376 100	416 000	
印花税	199 500		
城镇土地使用税	280 700		
土地增值税	500 700		
车船税	137 300		
耕地占用税	787 200	717 000	
契税	802 700	685 000	
烟叶税	21 100		
其他税收收入			
非税收入	5 547 200	7 697 000	
专项收入	1 234 200	2 288 000	
行政事业性收费收入	1 464 800	1 338 000	
罚没收入	362 100	502 000	
国有资本经营收入	445 600	744 000	
国有资源(资产)有偿使用收入	1 268 100	1 773 000	
其他收入	772 500		
本年收入合计	18 904 000	20 599 000	21 344 000
中央税收返还及转移支付	18 916 300		15 301 000
省补助计划单列市收入			
地方政府债券收入	1 370 000		
债务转贷收入			
债务转贷资金上年结余		400	
上年结余收入	1 675 300		

续表

科　　目	2014 年	2015 年	2016 年
调入预算稳定调节基金	747 100		707 000
调入资金	1 039 100		241 000
接受其他地区援助收入			
收入总计	42 652 200	46 377 000	37 593 000

表 4－174　　　　　　　　　　陕西省一般公共预算支出　　　　　　　　　　单位:万元

科　　目	2014 年	2015 年	2016 年
一般公共服务支出	36 632 000		
外交支出			
国防支出	390 000		
公共安全支出	16 143 000		
教育支出	69 383 000	75 630 000	
科学技术支出	4 486 000	5 690 000	
文化体育与传媒支出	9 323 000	10 290 000	
社会保障和就业支出	54 140 000	63 020 000	
医疗卫生与计划生育支出	31 345 000	36 840 000	
节能环保支出	11 251 000	15 400 000	
城乡社区支出	33 057 000	40 560 000	
农林水支出	44 597 000	52 010 000	
交通运输支出	37 149 000		
资源勘探信息等支出	9 512 000		
商业服务业等支出	3 329 000		
金融支出	532 000		
援助其他地区支出	7 000		
国土海洋气象等支出	5 094 000		
住房保障支出	22 789 000		
粮油物资储备支出	1 735 000		
预备费			
债务付息支出	2 132 000		
其他支出	3 223 000		
本年支出合计	396 250 000	437 550 000	375 210 000

续表

科 目	2014 年	2015 年	2016 年
上解中央支出	1 095 000		720 000
计划单列市上解省支出			
增设预算周转金	83 000		
拨付债务转贷资金数			
债务转贷资金结余	4 000		
地方政府债券还本	3 400 000		
安排预算稳定调节基金	6 755 000		
调出资金			
援助其他地区支出			
年终结余	18 935 000		
支出总计	426 522 000	463 770 000	375 930 000

4.27.2 政府性基金预算收支

2014—2016年陕西省政府性基金预算收支见表4—175。

表 4—175　　　　　　　　　陕西省政府性基金预算收支　　　　　　　　　单位:万元

科 目	2014 年	2015 年	2016 年
基金收入	10 112 100	8 028 000	7 007 000
中央补贴等其他收入		931 000	156 000
收入合计		8 959 000	7 163 000
支出	9 616 700	8 252 400	
其他支出			
支出合计		8 959 000	7 163 000

4.27.3 国有资本经营预算收支

2014—2016年陕西省国有资本经营预算收支见表4—176。

表 4—176　　　　　　　　　陕西省国有资本经营预算收支　　　　　　　　　单位:万元

科 目	2014 年	2015 年	2016 年
收入	108 100	54 900	80 400
上年结转			2 200
收入总计			82 600
支出	75 700	35 100	69 300

续表

科　目	2014 年	2015 年	2016 年
调入一般公共预算统筹用于民生等支出			13 300
支出总计			82 600

4.27.4　社会保险基金预算收支

2015—2016 年陕西省社会保险基金预算收支见表 4—177。

表 4—177　　　　　陕西省社会保险基金预算收支　　　　　单位:万元

科　目	2015 年	2016 年
收入	10 017 000	13 276 000
支出	9 575 000	12 765 000
年末滚存结余	10 333 000	10 952 000

4.28　甘肃省财政概览

4.28.1　一般公共预算收支

2014—2016 年甘肃省一般公共预算收支见表 4—178 和表 4—179。

表 4—178　　　　　甘肃省一般公共预算收入　　　　　单位:万元

科　目	2014 年	2015 年	2016 年
税收收入	4 902 600	5 297 000	5 797 900
增值税	884 000		
营业税	1 949 800		
企业所得税	460 000		
个人所得税	158 100		
资源税	229 800		
城市维护建设税	376 900		
房产税	142 800		
印花税	78 600		
城镇土地使用税	160 600		
土地增值税	143 500		
车船税	77 200		

续表

科　目	2014 年	2015 年	2016 年
耕地占用税	48 800		
契税	190 600		
烟叶税	1 900		
其他税收收入			
非税收入	1 824 100	2 142 000	2 352 100
专项收入	426 400		
行政事业性收费收入	543 400		
罚没收入	169 300		
国有资本经营收入	31 500		
国有资源(资产)有偿使用收入	432 900		
其他收入	220 600		
本年收入合计	6 726 700	7 439 000	8 050 000
中央税收返还及转移支付	18 081 900	19 530 500	14 750 900
省补助计划单列市收入			
地方政府债券收入	1 130 000	3 637 400	
债务转贷收入			
债务转贷资金上年结余	2 000		
上年结余收入	858 200	1 239 100	896 500
调入预算稳定调节基金	54 600	191 100	
调入资金	401 900	884 600	
接受其他地区援助收入			
收入总计	27 255 200	32 921 700	32 300 000

表 4—179　　　　　　　　　　　甘肃省一般公共预算支出　　　　　　　　　　　单位:万元

科　目	2014 年	2015 年	2016 年
一般公共服务支出	3 004 800	2 749 000	
外交支出			
国防支出	28 900		
公共安全支出	1 074 200	1 233 000	
教育支出	4 012 600	4 972 000	
科学技术支出	211 600	299 000	

续表

科　目	2014 年	2015 年	2016 年
文化体育与传媒支出	496 000	626 000	
社会保障和就业支出	3 762 200	4 214 000	
医疗卫生与计划生育支出	2 041 900	2 493 000	
节能环保支出	732 100	933 000	
城乡社区支出	787 500	1 231 000	
农林水支出	3 661 700	4 959 000	
交通运输支出	2 571 200	2 795 000	
资源勘探信息等支出	434 000	466 000	
商业服务业等支出	176 300		
金融支出	18 900		
援助其他地区支出			
国土海洋气象等支出	410 200		
住房保障支出	1 136 600	1 260 000	
粮油物资储备支出	97 600		
预备费			
债务付息支出	416 700		
其他支出	340 000		
本年支出合计	25 414 900	29 646 000	
上解中央支出	51 600	49 000	
计划单列市上解省支出			
增设预算周转金			
拨付债务转贷资金数			
债务转贷资金结余	2 000		
地方政府债券还本	290 000	1 770 000	
安排预算稳定调节基金	256 400		
调出资金	200		
援助其他地区支出	1 000		
年终结余	1 239 100		
支出总计	27 255 200		32 300 000

4.28.2 政府性基金预算收支

2015—2016年甘肃省政府性基金预算收支见表4—180。

表4—180　　　　　　　　　　甘肃省政府性基金预算收支　　　　　　　　　　单位:万元

科　目	2015 年	2016 年
总收入	6 124 900	3 823 100
预算收入	3 519 200	2 883 300
地方政府专项债务收入	1 189 600	
政府性基金转移收入	265 600	54 600
上年结转	1 150 600	885 200
总支出	3 539 000	3 823 100
支出		3 103 000
结转下年		496 000
上解中央		29 000
调入一般公共预算		195 000

4.28.3 国有资本经营预算收支

2015—2016年甘肃省国有资本经营预算收支见表4—181。

表4—181　　　　　　　　　　甘肃省国有资本经营预算收支　　　　　　　　　　单位:万元

科　目	2015 年	2016 年
总收入	174 600	138 000
预算收入	101 100	50 500
上年结转	73 500	87 500
总支出		138 000
支出	38 000	93 000
调入一般公共预算		45 000

4.28.4 社会保险基金预算收支

2015—2016年甘肃省社会保险基金预算收支见表4—182。

表4—182　　　　　　　　　　甘肃省社会保险基金预算收支　　　　　　　　　　单位:万元

科　目	2015 年	2016 年
收入	5 798 000	7 249 000
支出	5 172 000	6 673 000
当年收支结余		576 000
年末滚存结余		7 093 000

4.29　青海省财政概览

4.29.1　一般公共预算收支

2014—2016 年青海省一般公共预算收支见表 4—183 和表 4—184。

表 4—183　　　　　　　　　　　青海省一般公共预算收入　　　　　　　　　单位:万元

科　目	2014 年	2015 年	2016 年
税收收入	1 993 900		
增值税	309 300		
营业税	778 500		
企业所得税	198 200		
个人所得税	62 800		
资源税	231 500		
城市维护建设税	120 300		
房产税	53 700		
印花税	30 200		
城镇土地使用税	37 500		
土地增值税	31 400		
车船税	18 800		
耕地占用税	45 200		
契税	76 600		
烟叶税			
其他税收收入			
非税收入	522 800		
专项收入	192 600		
行政事业性收费收入	90 900		
罚没收入	45 700		
国有资本经营收入	8 100		
国有资源(资产)有偿使用收入	133 000		
其他收入	52 600		
本年收入合计	2 516 800	2 671 000	2 215 000
中央税收返还及转移支付	9 301 900	10 000 000	6 713 000

续表

科　目	2014 年	2015 年	2016 年
省补助计划单列市收入			
地方政府债券收入	1 070 000	1 270 000	1 415 000
债务转贷收入			
债务转贷资金上年结余			
上年结余收入	516 200	566 000	412 000
调入预算稳定调节基金	722 200	1 074 000	0
调入资金	1 188 600	1 071 000	1 391 000
接受其他地区援助收入	500		
收入总计	15 316 100	16 652 000	12 146 000
发行置换债券		1 680 000	

表 4—184　　　　　　　　　　　青海省一般公共预算支出　　　　　　　　　单位:万元

科　目	2014 年	2015 年	2016 年
一般公共服务支出	1 005 700	1 185 000	785 000
外交支出			
国防支出	7 100		
公共安全支出	556 300	590 000	505 000
教育支出	1 563 100	1 643 000	1 525 000
科学技术支出	103 900	112 000	105 000
文化体育与传媒支出	341 600	336 000	225 000
社会保障和就业支出	1 480 100	1 893 000	1 605 000
医疗卫生与计划生育支出	801 300	994 000	525 000
节能环保支出	567 300	875 000	730 000
城乡社区支出	950 400	1 306 000	
农林水支出	1 900 400	2 047 000	1 650 000
交通运输支出	2 047 000	2 055 000	1 058 000
资源勘探信息等支出	563 100		
商业服务业等支出	130 300		
金融支出	129 300		
援助其他地区支出	400		
国土海洋气象等支出	218 100		

续表

科　目	2014 年	2015 年	2016 年
住房保障支出	677 300	656 000	755 000
粮油物资储备支出	45 800		
预备费			
债务付息支出	228 600		
其他支出	157 000		2 675 000
本年支出合计	13 474 300	15 060 000	12 143 000
上解中央支出	11 900	11 000	3 000
计划单列市上解省支出			
增设预算周转金			
拨付债务转贷资金数			
债务转贷资金结余			
地方政府债券还本	190 000	1 741 000	
安排预算稳定调节基金	1 074 400	1 113 000	
调出资金			
援助其他地区支出			
年终结余	565 500	412 000	
支出总计	15 316 100	18 337 000	12 146 000

4.29.2 政府性基金预算收支

2015—2016 年青海省政府性基金预算收支见表 4—185。

表 4—185　　　　　青海省政府性基金预算收支　　　　　单位：万元

科　目	2015 年	2016 年
基金总收入	1 587 000	
当年完成收入	793 000	697 000
中央补助收入	259 000	
上年结转	294 000	
新发专项债券收入	240 000	
专项置换债券	90 000	
基金总支出	1 677 000	
基金当年支出	1 089 000	927 000
调入公共财政预算	229 000	

续表

科　目	2015 年	2016 年
债务还本支出	90 000	
结转下年支出	269 000	

4.29.3　国有资本经营预算收支

2015—2016 年青海省国有资本经营预算收支见表 4—186。

表 4—186　　　　　　青海省国有资本经营预算收支　　　　　单位:万元

科　目	2015 年	2016 年
基金收入	5 500	4 000
基金支出	4 500	5 000

4.29.4　社会保险基金预算收支

2014—2016 年青海省社会保险基金预算收支见表 4—187。

表 4—187　　　　　　青海省社会保险基金预算收支　　　　　单位:万元

科　目	2014 年	2015 年	2016 年
基金收入	1 758 000	2 709 000	2 771 000
基金支出	1 571 000	2 615 000	2 650 000

4.30　宁夏回族自治区财政概览

4.30.1　一般公共预算收支

2014—2016 年宁夏回族自治区一般公共预算收支见表 4—188 和表 4—189。

表 4—188　　　　　宁夏回族自治区一般公共预算收入　　　　　单位:万元

科　目	2014 年	2015 年	2016 年
税收收入	2 503 300	2 573 220	2 676 623
增值税	385 600	357 316	365 500
营业税	1 050 300	998 293	998 321
企业所得税	283 300	245 506	237 975
个人所得税	74 600	89 703	100 235
资源税	54 300	133 076	147 619
城市维护建设税	140 200	159 769	210 012

续表

科　目	2014 年	2015 年	2016 年
房产税	83 000	96 898	108 206
印花税	43 600	48 555	54 279
城镇土地使用税	100 000	90 114	109 856
土地增值税	61 500	66 113	74 171
车船税	29 200	32 994	36 800
耕地占用税	37 100	109 276	71 331
契税	160 300	145 350	162 019
烟叶税	400	257	300
非税收入	895 400	1 164 147	1 340 377
专项收入	220 700	365 602	459 377
行政事业性收费收入	218 700	190 203	185 000
罚没收入	77 100	87 871	100 000
国有资产经营收益	6 600	34 211	40 000
国有资源(资产)有偿使用收入	320 700	449 611	516 000
其他收入	51 500	36 649	40 000
本年收入合计	3 398 600	3 737 367	4 017 000
中央税收返还及转移支付	6 205 400		
省补助计划单列市收入			
地方政府债券收入	550 000		
债务转贷收入			
债务转贷资金上年结余			
上年结余收入	770 700		
调入预算稳定调节基金	88 000		
调入资金	175 100		
接受其他地区援助收入			
收入总计	11 187 900		

表 4—189　　　　　　　　　宁夏回族自治区一般公共预算支出　　　　　　　　单位:万元

科　目	2014 年	2015 年	2016 年
一般公共服务支出	616 800	678 156	594 332
外交支出			

科　目	2014 年	2015 年	2016 年
国防支出	10 000	12 544	10 320
公共安全支出	476 400	512 593	448 019
教育支出	1 226 800	1 455 254	1 229 084
科学技术支出	116 600	174 272	229 451
文化体育与传媒支出	160 200	209 840	91 325
社会保障和就业支出	1 164 300	1 475 123	1 309 485
医疗卫生与计划生育支出	652 700	774 762	768 095
节能环保支出	346 000	475 597	233 045
城乡社区支出	1 040 700	1 639 401	695 441
农林水支出	1 570 500	1 647 910	1 350 254
交通运输支出	730 000	1 002 479	570 047
资源勘探信息等支出	297 800	521 454	230 036
商业服务业等支出	186 400	221 663	187 457
金融支出	161 200	78 602	10 470
援助其他地区支出			
国土海洋气象等支出	83 900	80 009	54 430
住房保障支出	813 900	686 116	393 951
粮油物资储备支出	28 300	26 690	33 489
预备费			198 600
债务付息支出	164 100		179 185
债务发行费用支出			5 000
其他支出	158 000	215 145	557 846
本年支出合计	10 004 500	11 887 610	9 379 362
上解中央支出	12 800		
计划单列市上解省支出			
增设预算周转金			
拨付债务转贷资金数			
债务转贷资金结余			
地方政府债券还本	130 000		
安排预算稳定调节基金	135 600		

续表

科　目	2014 年	2015 年	2016 年
调出资金	1 500		
援助其他地区支出	100		
年终结余	903 400		
支出总计	11 187 900		

4.30.2　政府性基金预算收支

2015－2016 年宁夏回族自治区政府性基金预算收支见表 4－190 和表 4－191。

表 4－190　　　　　　　　宁夏回族自治区政府性基金预算收入　　　　　　单位:万元

科　目	2015 年	2016 年
一、农网还贷资金收入		
二、海南省高等级公路车辆通行附加费收入		
三、港口建设费收入		
四、散装水泥专项资金收入	597	411
五、新型墙体材料专项基金收入	4 660	2 867
六、新菜地开发建设基金收入		—
七、新增建设用地土地有偿使用费收入	73 879	32 600
八、南水北调工程建设基金收入		—
九、城市公用事业附加收入	14 359	11 550
十、国有土地收益基金收入	1 011	750
十一、农业土地开发资金收入	8 259	5 397
十二、国有土地使用权出让收入	967 990	747 742
十三、大中型水库库区基金收入		
十四、彩票公益金收入	41 602	35 309
十五、城市基础设施配套费收入	4 536	13 100
十六、小型水库移民扶助基金收入		—
十七、国家重大水利工程建设基金收入	22 929	24 160
十八、车辆通行费	285 422	300 000
十九、污水处理费收入	9 916	4 880
二十、彩票发行机构和彩票销售机构的业务费用	397	12 704
二十一、其他政府性基金收入	3 928	46 985
政府住房基金收入		

续表

科　目	2015 年	2016 年
收入合计	1 472 389	1 238 455
政府性基金转移收入	139 087	44 993
上年结转收入	700 781	22 569
调入资金		
地方政府专项债务收入	130 000	
收入总计	2 442 257	1 306 017

表 4—191　　　　　　　　　　宁夏回族自治区政府性基金预算支出　　　　　　　　　单位:万元

科　目	2015 年	2016 年
一、文化体育与传媒支出	723	
国家电影事业发展专项资金及对应专项债务收入安排的支出	723	
二、社会保障和就业支出	7 240	7 952
大中型水库移民后期扶持基金支出	7 116	7 952
小型水库移民扶助基金及对应专项债务收入安排的支出	124	
三、节能环保支出		
四、城乡社区支出	1 290 960	848 542
国有土地使用权出让收入及对应专项债务收入安排的支出	1 148 479	750 265
城市公用事业附加及对应专项债务收入安排的支出	23 237	11 550
国有土地收益基金及对应专项债务收入安排的支出	647	750
农业土地开发资金及对应专项债务收入安排的支出	4 900	5 397
新增建设用地有偿使用费及对应专项债务收入安排的支出	90 630	62 600
城市基础设施配套费及对应专项债务收入安排的支出	363	13 100
污水处理费收入及对应专项债务收入安排的支出	3 791	4 880
五、农林水支出		24 160
国家重大水利工程建设基金及对应专项债务收入安排的支出		24 160
六、交通运输支出	321 017	306 452
车辆通行费及对应专项债务收入安排的支出	308 801	300 000
港口建设费及对应债务收入安排的支出	5 000	5 000
民航发展基金支出	7 216	1 452
七、资源勘探信息等支出	12 259	6 202
散装水泥专项资金及对应专项债务收入安排的支出	181	411

续表

科　目	2015 年	2016 年
新型墙体材料专项基金及对应专项债务收入安排的支出	7 950	5 791
八、商业服务业等支出	3 705	
旅游发展基金支出	3 705	
九、其他支出	227 335	112 709
其他政府性基金及对应专项债务收入安排的支出	77 604	48 985
彩票发行销售机构业务费安排的支出	842	21 020
彩票公益金及对应专项债务收入安排的支出	148 889	42 704
十、债务付息支出		
十一、债务发行费用支出		
支出合计	1 863 239	1 306 017
政府性基金转移支付		
政府性基金补助支出		
政府性基金上解支出		
调出资金	164 669	
地方政府专项债务还本支出		
支出总计	2 027 908	1 306 017

4.30.3 国有资本经营预算收支

2015—2016 年宁夏回族自治区国有资本经营预算收支见表 4－192 和表 4－193。

表 4－192　　　　　　　宁夏回族自治区国有资本经营预算收入　　　　　单位:万元

科　目	2015 年	2016 年
一、利润收入	4 991	13 384
二、股利、股息收入	6 185	41 152
三、产权转让收入	601	1 800
四、清算收入		
五、国有资本经营预算转移支付收入		
六、其他国有资本经营预算收入	180	230
本年收入合计	11 957	56 566
上年结转		689
收入总计	11 957	57 255

表 4－193　　　　　　　　　　宁夏回族自治区国有资本经营预算支出　　　　　　　　　　单位:万元

科　目	2015 年	2016 年
一、解决历史遗留问题及改革成本支出		60
二、国有企业资本金注入		12 000
三、国有企业政策性补贴		
四、金融国有资本经营预算支出		20 000
五、调出资金	2 262	11 346
六、国有资本经营预算转移支付支出		
七、其他国有资本经营预算支出	9 006	13 849
本年支出合计	11 268	57 255
结转下年	689	
支出总计	11 957	57 255

4.30.4　社会保险基金预算收支

2015 年宁夏回族自治区社会保险基金预算收支见表 4－194。

表 4－194　　　　　　　　2015 年宁夏回族自治区社会保险基金预算收支　　　　　　　　单位:万元

科　目	8 只基金合计	企业职工基本养老保险基金	机关事业单位基本养老保险基金	城乡居民基本养老保险基金
一、收入	2 590 138	1 571 395	24 152	104 738
其中:保险费收入	1 580 200	1 006 846	24 106	24 142
利息收入	77 376	56 393	46	3 324
财政补贴收入	542 971	248 578		76 819
其他收入	3 348	3 339		
转移收入	32 964	9 491		453
二、支出	2 494 759	1 626 335		66 485
其中:社会保险待遇支出	1 995 074	1 317 757		63 166
其他支出	1			1
转移支出	34 463	4 508		452
三、本年收支结余	95 379	−54 940	24 152	38 253
四、年末滚存结余	2 823 660	1 597 227	24 152	199 738

续表

科 目	城镇职工基本医疗保险基金	居民基本医疗保险基金	工伤保险基金	失业保险基金	生育保险基金
一、收入	430 486	303 013	36 477	92 549	27 327
其中:保险费收入	361 396	51 756	30 567	58 936	22 450
利息收入	6 590	3 070	1 489	6 081	383
财政补贴收入		217 574			
其他收入				8	
转移收入	23 001			19	
二、支出	372 949	291 024	34 135	78 981	24 850
其中:社会保险待遇支出	303 949	246 537	29 675	13 634	20 356
其他支出					
转移支出	29 500			2	
三、本年收支结余	57 538	11 989	2 342	13 568	2 477
四、年末滚存结余	442 430	158 686	89 344	286 460	25 623

2016 年宁夏回族自治区社会保险基金预算收支见表 4－195。

表 4－195　　　　　2016 年宁夏回族自治区社会保险基金预算收支　　　　单位:万元

科 目	8 只基金合计	企业职工基本养老保险基金	机关事业单位基本养老保险基金	城乡居民基本养老保险基金
一、收入	3 844 138	1 794 034	1 030 742	108 227
其中:保险费收入	2 337 096	1 077 903	684 954	24 058
投资收益	71 387	45 297	2 560	3 669
财政补贴收入	968 156	320 000	343 228	80 163
其他收入	2 829	2 820		
转移收入	34 009	9 053		336
二、支出	3 859 699	1 904 083	1 046 475	70 792
其中:社会保险待遇支出	3 374 026	1 560 085	1 046 475	70 309
其他支出				
转移支出	39 384	5 037		484
三、本年收支结余	−15 561	−110 050	−15 733	37 435
四、年末滚存结余	2 808 099	1 487 178	8 418	237 172

续表

科 目	城镇职工基本医疗保险基金	居民基本医疗保险基金	工伤保险基金	失业保险基金	生育保险基金
一、收入	442 422	320 098	34 155	86 456	28 005
其中:保险费收入	380 498	57 847	27 537	61 368	22 930
投资收益	7 673	3 639	1 619	6 556	373
财政补贴收入		224 764			
其他收入				8	
转移收入	24 589			31	
二、支出	393 687	316 089	35 761	66 509	26 302
其中:社会保险待遇支出	330 164	266 669	30 710	48 015	21 600
其他支出					
转移支出	33 861			2	
三、本年收支结余	48 734	4 009	−1 606	19 947	1 703
四、年末滚存结余	491 164	162 695	87 738	306 408	27 327

4.31 新疆维吾尔自治区财政概览

4.31.1 一般公共预算收支

2014—2016 年新疆维吾尔自治区一般公共预算收支见表 4—196 和表 4—197。

表 4—196　　　　　　　　新疆维吾尔自治区一般公共预算收入　　　　　　　　单位:万元

科 目	2014 年	2015 年	2016 年
税收收入	8 811 900	7 953 639	9 485 821
增值税	1 563 900	1 405 264	1 627 050
营业税	2 822 300	2 653 070	2 908 409
企业所得税	902 900	923 356	1 039 058
个人所得税	481 300	555 481	615 855
资源税	181 100		709 086
城市维护建设税	519 200	517 626	562 128
房产税	245 100	266 188	287 277
印花税	143 800	134 225	149 783
城镇土地使用税	158 300	148 503	211 897

续表

科 目	2014 年	2015 年	2016 年
土地增值税	324 000	316 035	331 772
车船税	102 100	118 353	130 943
耕地占用税	461 600	496 226	463 457
契税	310 400	419 312	448 171
烟叶税			
其他税收收入			935
非税收入	3 945 400	4 708 686	3 077 181
专项收入	2 051 100	2 453 130	907 459
行政事业性收费收入	586 500	635 604	632 225
罚没收入	241 100	268 636	252 590
国有资本经营收入	161 500	203 491	184 515
国有资源(资产)有偿使用收入	563 000	858 293	782 641
捐赠收入		10 499	4 704
政府住房基金收入		18 491	67 947
其他收入	329 100	260 542	245 100
本年收入合计	12 823 400	12 662 325	12 563 002
中央税收返还及转移支付	20 010 100		18 333 797
省补助计划单列市收入			
地方政府债券收入	1 100 000		
债务转贷收入			
债务转贷资金上年结余			
上年结余收入	662 100		1 018 392
调入预算稳定调节基金	52 500		842 177
调入资金	131 000		433 780
接受其他地区援助收入	200		
收入总计	35 445 300	44 978 000	30 896 799

表 4—197　　　　　　　　　　　新疆维吾尔自治区一般公共预算支出　　　　　　　　　　单位：万元

科 目	2014 年	2015 年	2016 年
一般公共服务支出	3 248 800	3 664 207	3 115 704
外交支出	1 600	1 663	1 423
国防支出	56 000	49 775	32 540
公共安全支出	2 222 800	2 519 645	2 265 478
教育支出	5 612 000	6 479 317	6 065 091

续表

科　目	2014 年	2015 年	2016 年
科学技术支出	403 400	416 285	339 649
文化体育与传媒支出	143 200	789 601	713 900
社会保障和就业支出	3 008 500	3 705 107	3 070 374
医疗卫生与计划生育支出	2 023 200	2 440 017	2 044 754
节能环保支出	108 600	715 107	260 761
城乡社区支出	2 861 600	3 227 071	2 505 430
农林水支出	4 112 100	6 067 333	3 366 236
交通运输支出	2 155 300	2 707 545	2 946 739
资源勘探信息等支出	561 500	721 055	503 685
商业服务业等支出	284 200	523 986	303 197
金融支出	12 000	11 836	117 402
援助其他地区支出	5 600	0	0
国土海洋气象等支出	411 600	414 558	164 566
住房保障支出	1 993 100	2 113 247	692 737
粮油物资储备支出	183 400	197 455	84 534
预备费		834	245 616
债务付息支出	458 200	349 739	667 018
其他支出	1 312 600	951 101	1 320 384
本年支出合计	33 177 900	38 066 484	30 827 218
上解中央支出	62 600		69 581
计划单列市上解省支出			
增设预算周转金	.		
拨付债务转贷资金数			
债务转贷资金结余			
地方政府债券还本	300 000		1 440
安排预算稳定调节基金	318 900		5 957
调出资金	34 100		
援助其他地区支出	100		
年终结余	1 551 000		184
支出总计	35 445 300	44 978 000	30 896 799

4.31.2 政府性基金预算收支

2015—2016年新疆维吾尔自治区政府性基金预算收支见表4—198和表4—199。

表4—198　　　　　　　　　新疆维吾尔自治区政府性基金预算收入　　　　　　　　单位：万元

科　目	2015 年	2016 年
一、农网还贷资金收入		
二、海南省高等级公路车辆通行附加费收入		
三、港口建设费收入		
四、散装水泥专项资金收入	1 938	2 084
五、新型墙体材料专项基金收入	18 211	17 491
六、新菜地开发建设基金收入	3 855	2 000
七、新增建设用地土地有偿使用费收入	115 204	90 000
八、南水北调工程建设基金收入		
九、城市公用事业附加收入	22 396	26 316
十、国有土地收益基金收入	48 006	135 047
十一、农业土地开发资金收入	45 539	31 343
十二、国有土地使用权出让收入	2 120 527	1 858 672
十三、大中型水库库区基金收入		194
十四、彩票公益金收入	84 171	91 087
十五、城市基础设施配套费收入	194 820	177 169
十六、小型水库移民扶助基金收入		
十七、国家重大水利工程建设基金收入	14 738	12 000
十八、车辆通行费	516 827	485 000
十九、污水处理费收入	10 288	11 200
二十、彩票发行机构和彩票销售机构的业务费用		1 243
二十一、其他政府性基金收入	108 818	1 005
收入合计	3 305 338	2 941 851
转移性收入	2 529 808	531 461
政府性基金转移收入	304 439	91 492
上年结余收入	1 084 026	439 969
调入资金	11 343	
其中：地方政府性基金调入专项收入		
地方政府专项债务收入	1 130 000	

续表

科　目	2015 年	2016 年
地方政府专项债券转贷收入		
收入总计	5 835 146	3 473 312

表 4—199　　　　　　　　新疆维吾尔自治区政府性基金预算支出　　　　　　单位:万元

科　目	2015 年	2016 年
一、文化体育与传媒支出	5 084	600
国家电影事业发展专项资金及对应专项债务收入安排的支出	5 084	600
二、社会保障和就业支出	136 427	3 878
大中型水库移民后期扶持基金支出	134 126	3 878
小型水库移民扶助基金及对应专项债务收入安排的支出	2 301	
三、节能环保支出	56 601	45 200
可再生能源电价附加收入安排的支出	56 601	45 200
废弃电器电子产品处理基金支出		
四、城乡社区支出	2 640 765	2 242 894
国有土地使用权出让收入及对应专项债务收入安排的支出	2 228 183	1 854 259
城市公用事业附加及对应专项债务收入安排的支出	27 991	27 215
国有土地收益基金及对应专项债务收入安排的支出	20 546	107 058
农业土地开发资金及对应专项债务收入安排的支出	49 431	21 518
新增建设用地有偿使用费及对应专项债务收入安排的支出	136 763	81 468
城市基础设施配套费及对应专项债务收入安排的支出	169 703	140 622
污水处理费收入及对应专项债务收入安排的支出	8 148	10 754
五、农林水支出	3 351	2 004
新菜地开发建设基金及对应专项债务收入安排的支出	3 214	2 000
大中型水库库区基金及对应债务专著收入安排的支出		4
三峡水库库区基金支出		
南水北调工程基金及对应专项债务收入安排的支出		
国家重大水利工程建设基金及对应专项债务收入安排的支出	137	
六、交通运输支出	491 925	334 000
铁路运输		
海南省高等级公路车辆通行附加费及对应专项债务收入安排的支出		

续表

科　目	2015 年	2016 年
车辆通行费及对应专项债务收入安排的支出	428 173	334 000
港口建设费及对应债务收入安排的支出		
铁路建设基金支出		
船舶油污损害赔偿基金支出		
民航发展基金支出	63 752	
七、资源勘探信息等支出	10 866	14 684
散装水泥专项资金及对应专项债务收入安排的支出	1 445	1 896
新型墙体材料专项基金及对应专项债务收入安排的支出	9 421	12 788
农网还贷资金支出		
八、商业服务业等支出	4 800	580
旅游发展基金支出	4 800	580
九、其他支出	268 230	84 256
其他政府性基金及对应专项债务收入安排的支出	59 140	753
彩票发行销售机构业务费安排的支出	2 043	2 103
彩票公益金及对应专项债务收入安排的支出	207 047	81 400
十、债务付息支出	45	12 831
十一、债务发行费用支出		
支出合计	3 618 094	2 740 927
转移性支出	2 217 052	732 385
政府性基金转移支付		
政府性基金补助支出		
政府性基金上解支出		
调出资金	729 362	273 397
年终结余	579 020	458 988
地方政府专项债务还本支出	908 670	
支出总计	5 835 146	3 473 312

4.31.3　国有资本经营预算收支

新疆决定自 2014 年编制 2015 年国有资本经营预算草案起,每年按不低于 2 个百分点的比例提高国有资本收益收取比例,到 2020 年达到 25%。2016 年,国有资本收益收取比例在 2015 年 12% 的基础上,提高至 15%。

2015—2016 年新疆维吾尔自治区国有资本经营预算收支见表 4—200 和表 4—201。

表 4—200　　　　　　　新疆维吾尔自治区国有资本经营预算收入　　　　单位:万元

科　目	2015 年	2016 年
一、利润收入	12 615	18 942
电力企业利润收入	80	2 461
煤炭企业利润收入	12	9
有色冶金采掘企业利润收入	1 616	599
化工企业利润收入	537	262
运输企业利润收入	19	11
投资服务企业利润收入	7 910	11 079
贸易企业利润收入	98	91
建筑施工企业利润收入	32	2 076
房地产企业利润收入		10
对外合作企业利润收入		14
医药企业利润收入	15	15
农林牧渔企业利润收入	152	19
教育文化广播企业利润收入	1 535	1 803
金融企业利润收入	24	28
其他国有资本经营预算企业利润收入	585	465
二、股利、股息收入	15 850	12 862
国有控股公司股利、股息收入	12 040	9 676
国有参股公司股利、股息收入	3 810	3 186
三、产权转让收入	635	510
国有股权、股份转让收入	635	510
四、其他国有资本经营预算收入		60
本年收入合计	29 100	32 374
上年结转	27 83	7 457
收入总计	31 883	39 831

表 4—201　　　　　　　新疆维吾尔自治区国有资本经营预算支出　　　　单位:万元

科　目	2015 年	2016 年
一、解决历史遗留问题及改革成本支出	573	8 428

续表

科 目	2015 年	2016 年
二、国有企业资本金注入	16 237	19 470
三、国有企业政策性补贴	34	62
四、金融国有资本经营预算支出		
五、调出资金	5 418	6 936
六、国有资本经营预算转移支付支出		
七、其他国有资本经营预算支出	2 164	2 075
本年支出合计	24 426	36 971
结转下年	7457	2 860
支出总计	31 883	39 831

4.31.4 社会保险基金预算收支

2015－2016 年新疆维吾尔自治区社会保险基金预算收支及结余见表 4－202、表 4－203 和表 4－204。

表 4－202　　　　　　　　**新疆维吾尔自治区社会保险基金预算收入**　　　　　　单位:万元

科 目	2015 年	2016 年
全区社会保险基金收入合计	6 738 342.59	12 143 230.92
其中:保险费收入	5 011 322.96	8 879 608.90
利息收入	215 368.88	241 877.65
财政补贴收入	1 440 017.22	2 972 734.22
一、企业职工基本养老保险基金收入	3 633 478.48	3 746 519.29
其中:保险费收入	2 767 623.75	2 896 356.99
利息收入	145 250.43	151 408.10
财政补贴收入	650 667.10	650 667.10
二、失业保险基金收入	250 997.47	250 345.36
其中:保险费收入	237 613.37	239 986.75
利息收入	12 804.20	10 188.79
财政补贴收入		
三、城镇职工基本医疗保险基金收入	1 658 779.45	1 771 504.86
其中:保险费收入	1 619 061.02	1 721 494.59
利息收入	39 124.00	49 464.71
财政补贴收入	314.79	314.00

续表

科 目	2015 年	2016 年
四、工伤保险基金收入	102 758.11	95 075.90
其中:保险费收入	99 652.33	91 688.89
利息收入	3 074.40	3 349.39
财政补贴收入		
五、生育保险基金收入	88 824.18	79 422.48
其中:保险费收入	86 010.08	76 562.14
利息收入	2 792.41	2 842.19
财政补贴收入		
六、城乡居民基本养老保险基金收入	254 384.99	261 743.27
其中:保险费收入	60 817.82	62 028.68
利息收入	7 270.21	7 609.00
财政补贴收入	185 879.16	191 960.50
七、城镇居民基本医疗保险基金收入	158 800.94	170 164.19
其中:保险费收入	27 813.03	30 728.81
利息收入	2 083.66	2 535.83
财政补贴收入	128 899.70	136 899.54
八、新型农牧区合作医疗基金收入	590 318.96	674 821.93
其中:保险费收入	112 731.57	154 101.86
利息收入	2 969.56	4 217.03
财政补贴收入	474 256.47	516 182.23
九、机关事业单位基本养老基金收入		5 093 633.66
其中:保险费收入		3 606 660.19
利息收入		10 262.62
财政补贴收入		1 476 710.85

表 4—203 　　　　　　　新疆维吾尔自治区社会保险基金预算支出 　　　　　单位:万元

科 目	2015年	2016年
全区社会保险基金支出合计	5 559 246.53	10 917 338.60
其中:社会保险待遇支出	5 083 758.73	10 431 901.85
一、企业职工基本养老保险基金支出	2 933 523.73	3 108 763.06
其中:基本养老金支出	2 763 821.79	2 915 619.21

续表

科　目	2015年	2016年
二、失业保险基金支出	254 711.86	237 313.36
其中:失业保险金支出	32 846.50	40 971.77
三、城镇职工基本医疗保险基金支出	1 342 507.97	1 510 883.94
其中:基本医疗保险待遇支出	1 342 456.14	1 510 408.81
四、工伤保险基金支出	86 932.94	94 996.84
其中:工伤保险待遇支出	86 454.08	94 205.38
五、生育保险基金支出	73 459.39	79 690.42
其中:医疗费用支出	21 430.72	22 515.31
生育津贴支出	52 028.67	57 175.11
六、城乡居民基本养老保险基金支出	164 567.43	169 781.10
其中:基本养老金支出	157 336.50	161 720.79
七、城镇居民基本医疗保险基金支出	128 074.11	145 129.92
其中:基本医疗保险待遇支出	122 531.87	136 961.56
八、新型农牧区合作医疗基金支出	575 469.10	652 277.73
其中:基本医疗保险待遇支出	556 881.11	630 996.79
九、机关事业单位基本养老保险基金支出		4 918 502.22
其中:基本养老金支出		4 918 502.22

表 4—204　　　　　　　　新疆维吾尔自治区社会保险基金预算结余　　　　　　单位:万元

科　目	2015年	2016年
全区社会保险基金本年收支结余	1 179 096.0	1 225 892.3
企业职工基本养老保险基金本年收支结余	699 954.75	637 756.22
失业保险基金本年收支结余	−3 714.39	13 032.00
城镇职工基本医疗保险基金本年收支结余	316 271.48	260 620.91
工伤保险基金本年收支结余	15 825.17	79.06
生育保险基金本年收支结余	15 364.79	−267.95
城乡居民基本养老保险基金本年收支结余	89 817.57	91 962.16
城镇居民基本医疗保险基金本年收支结余	30 726.82	25 034.26
新型农牧区合作医疗基金本年收支结余	14 849.86	22 544.20
机关事业单位基本养老保险基金本年收支结余	0.00	175 131.44
全区社会保险基金年末累计结余	11 357 074.81	12 582 967.14

科　目	2015年	2016年
企业职工基本养老保险基金年末累计结余	7 292 506.90	7 930 263.12
失业保险基金年末累计结余	788 831.70	801 863.70
城镇职工基本医疗保险基金年末累计结余	2 161 228.31	2 421 849.22
工伤保险基金年末累计结余	168 550.04	168 629.09
生育保险基金年末累计结余	190 565.51	190 297.57
城乡居民基本养老保险基金年末累计结余	498 631.76	590 593.92
城镇居民基本医疗保险基金年末累计结余	134 258.21	159 292.48
新型农牧区合作医疗基金年末累计结余	122 502.39	145 046.60
机关事业单位基本养老保险基金年末累计结余	0.00	175 131.44

5 全国 294 个地级市财政概览

表 5—1 为全国 294 个地级市(含计划单列市、副省级城市)在过去三年的 GDP、公共预算收入。

表 5—1　　　　　　　　2013—2015 年全国 294 个地级市的经济与财政概览　　　　　单位:亿元

省份	地级市	2015年		2014年		2013年	
		GDP	公共预算收入	GDP	公共预算收入	GDP	公共预算收入
河北省 (11 个)	石家庄市	5 350.0	375.0	5 100.0	343.5	4 863.6	315.2
	张家口市	1 363.5	117.8	1 358.5	125.0	1 340.0	118.5
	承德市	1 358.6	97.4	1 320.0	107.6	1 272.0	102.3
	唐山市	6 100.0	335.0	6 225.3	323.7	6 121.2	318.4
	秦皇岛市	1 250.4	114.4	1 200.0	113.7	1 168.8	109.5
	廊坊市	2 401.9	303.4	2 056.0	250.5	1 943.1	205.4
	保定市	2 988.0	196.9	2 757.8	178.5	2 650.6	167.0
	沧州市	3 240.6	210.9	3 133.4	189.7	3 013.0	172.3
	衡水市	1 220.0	88.5	1 139.0	79.7	1 020.1	68.5
	邢台市	1 764.7	102.7	1 668.1	95.7	1 604.6	89.9
	邯郸市	3 145.4	190.6	3 080.0	183.2	3 061.5	172.7
山西省 (11 个)	太原市	2 735.3	274.2	2 531.1	258.9	2 412.9	247.3
	大同市	1 052.9	92.4	1 001.5	104.9	967.5	94.6
	朔州市	901.1	54.3	1 003.4	86.6	1 026.4	95.3
	忻州市	681.2	73.7	680.3	80.8	654.7	73.7
	阳泉市	598.9	44.2	616.6	47.0	611.8	47.9
	晋中市	1 046.1	100.2	1 041.3	117.5	1 020.4	115.1
	吕梁市	955.8	90.0	1 101.3	130.6	1 228.6	164.0
	长治市	1 137.1	96.4	1 331.2	136.3	1 333.7	148.7

省份	地级市	2015年		2014年		2013年	
		GDP	公共预算收入	GDP	公共预算收入	GDP	公共预算收入
山西省 (11个)	临汾市	1 161.1	88.2	1 213.0	118.0	1 223.6	118.2
	晋城市	1 040.2	93.9	1 035.8	98.0	1 031.8	94.6
	运城市	1 173.5	56.3	1 201.6	52.8	1 140.1	45.4
内蒙古 自治区 (9个)	呼和浩特市	3 090.0	247.4	2 950.0	211.5	2 710.4	182.0
	呼伦贝尔市	1 596.0	103.3	1 522.3	96.0	1 430.6	87.1
	通辽市	1 900.0	120.5	1 886.8	113.1	1 811.8	103.6
	赤峰市	1 861.3	103.6	1 778.4	98.0	1 686.2	91.2
	巴彦淖尔市	890.0	65.8	867.5	62.0	834.9	97.6
	乌兰察布市	921.0	55.1	872.1	51.0	833.8	76.2
	包头市	3 700.0	252.0	3 636.3	234.3	3 503.0	215.1
	鄂尔多斯市	4 280.0	445.9	4 162.2	430.1	3 955.9	440.0
	乌海市	609.8	80.5	600.2	75.2	570.1	68.5
黑龙江省 (12个)	哈尔滨市	5 750.0	407.7	5 332.7	423.5	5 010.8	402.3
	黑河市	450.0	28.9	420.3	26.4	389.6	23.1
	伊春市	248.2	14.2	261.6	14.6	284.5	14.8
	齐齐哈尔市	1 270.7	79.0	1 238.8	74.6	1 230.4	64.4
	鹤岗市	266.0	15.6	259.0	16.8	320.0	20.5
	佳木斯市	820.0	36.0	792.5	42.0	747.2	41.8
	双鸭山市	436.0	18.0	432.7	18.5	555.1	29.0
	绥化市	1 272.2	56.2	1 295.0	61.5	1 210.0	8.6
	大庆市	2 983.5	127.2	4 070.0	141.0	4 181.5	143.6
	七台河市	220.0	17.2	214.3	18.0	241.0	18.9
	鸡西市	514.7	34.5	516.0	33.7	570.9	33.4
	牡丹江市	1 318.0	60.0	1 166.9	88.1	1 092.6	91.3
吉林省 (8个)	长春市	5 424.7	388.2	5 342.4	397.3	5 003.2	381.8
	白城市	740.0	39.5	734.6	41.4	692.3	55.5
	松原市	1 680.0	50.2	1 740.0	62.5	1 650.5	62.0
	吉林市	2 473.0	132.8	2 730.2	131.2	2 617.4	281.2
	四平市	1 289.0	62.3	1 289.0	57.9	1 210.1	60.6
	辽源市	750.0	28.1	760.0	26.8	700.2	38.9
	白山市	720.0	63.0	715.6	65.3	673.6	66.0
	通化市	1 059.0	78.1	1 070.7	82.5	1 003.5	74.0

省份	地级市	2015年		2014年		2013年	
		GDP	公共预算收入	GDP	公共预算收入	GDP	公共预算收入
辽宁省 （14 个）	沈阳市	7 280.0	606.2	7 098.7	785.5	7 158.6	801.0
	铁岭市	745.0	50.3	867.5	93.4	1 031.3	103.6
	阜新市	530.0	37.2	606.2	71.2	615.1	70.5
	抚顺市	1 302.1	73.8	1 276.6	134.3	1 340.4	134.2
	朝阳市	780.0	54.7	990.0	101.7	1 002.9	112.5
	本溪市	1 164.6	53.8	1 171.2	129.8	1 193.7	129.7
	辽阳市	1 025.0	67.0	1 014.4	114.8	1 080.0	111.3
	鞍山市	2 326.0	129.1	2 385.9	241.7	2 623.3	239.2
	盘锦市	1 267.9	95.0	1 426.0	151.2	1 351.1	148.8
	锦州市	1 357.5	75.5	1 377.8	136.8	1 344.9	136.1
	葫芦岛市	720.0	57.1	721.6	81.6	775.1	88.4
	营口市	1 513.8	104.2	1 591.1	160.4	1 513.1	262.7
	丹东市	990.5	66.3	1 022.6	126.0	1 107.3	136.4
	大连市	7 700.0	579.9	7 655.6	780.8	7 650.8	850.0
江苏省 （13 个）	南京市	9 600.0	1 020.0	8 820.8	903.5	8 011.8	831.3
	连云港市	2 100.0	291.8	1 965.9	261.8	1 785.4	233.3
	徐州市	5 320.0	530.7	4 963.9	472.3	4 435.8	422.8
	宿迁市	2 110.0	235.7	1 930.0	210.1	1 706.3	185.1
	淮安市	2 700.0	350.0	2 455.4	308.5	2 155.9	271.4
	盐城市	4 180.0	477.0	3 835.6	418.0	3 475.5	366.8
	泰州市	3 620.0	322.2	3 370.9	283.0	3 006.9	259.3
	扬州市	4 080.0	336.8	3 697.9	295.2	3 252.0	259.3
	镇江市	3 500.0	302.8	3 252.4	277.8	2 927.1	254.5
	南通市	6 100.0	625.6	5 652.7	550.0	5 038.9	485.9
	常州市	5 300.0	466.3	4 901.9	433.9	4 360.9	408.9
	无锡市	8 500.0	830.0	8 205.3	768.0	8 070.2	710.9
	苏州市	14 500.0	1 560.8	13 761.0	1 443.8	13 015.7	1 331.0
浙江省 （11 个）	杭州市	10 053.6	1 233.9	9 201.2	1 027.3	8 343.5	945.2
	湖州市	2 084.3	191.3	1 956.0	167.8	1 803.2	154.7
	嘉兴市	3 517.1	350.4	3 352.8	307.1	3 147.7	282.3
	绍兴市	4 470.0	363.0	4 265.8	317.3	3 967.3	293.1
	舟山市	1 094.7	112.7	1 021.7	101.0	930.9	92.6
	宁波市	8 011.5	1 006.4	7 602.5	860.6	7 128.9	792.4
	金华市	3 406.5	309.7	3 206.6	268.9	2 958.8	242.5

续表

省份	地级市	2015年		2014年		2013年	
		GDP	公共预算收入	GDP	公共预算收入	GDP	公共预算收入
浙江省 (11个)	衢州市	1 146.2	92.0	1 121.0	80.3	1 056.6	72.8
	台州市	3 558.1	298.0	3 387.5	265.2	3 153.3	238.1
	丽水市	1 102.3	94.6	1 051.0	81.0	983.1	73.7
	温州市	4 619.8	403.1	4 302.8	352.5	4 003.9	324.0
安徽省 (16个)	合肥市	5 660.3	571.5	5 158.0	500.3	4 672.9	438.6
	淮北市	765.0	60.2	747.5	52.8	703.7	50.7
	亳州市	950.0	81.4	850.5	72.7	791.1	64.4
	宿州市	1 235.0	125.6	1 126.1	114.3	1 014.3	100.3
	蚌埠市	1 280.0	119.0	1 108.4	105.3	1 007.9	92.8
	阜阳市	1 267.4	120.0	1 146.1	103.5	1 062.5	85.5
	淮南市	770.6	77.3	789.3	75.4	819.4	110.7
	滁州市	1 313.0	143.7	1 184.8	123.6	1 086.2	114.4
	六安市	1 143.0	103.3	1 086.3	94.9	1 010.3	81.8
	马鞍山市	1 360.0	130.8	1 357.4	121.1	1 293.0	146.2
	芜湖市	2 457.0	263.5	2 307.9	233.5	2 099.5	214.0
	宣城市	971.5	131.6	912.5	120.2	842.8	107.7
	铜陵市	721.0	68.7	716.3	66.3	680.6	64.2
	池州市	550.0	71.9	503.7	68.4	462.2	65.1
	安庆市	1 613.2	106.6	1 544.3	105.7	1 418.2	98.5
	黄山市	530.0	71.6	507.2	68.0	470.3	59.4
福建省 (9个)	福州市	5 618.1	560.5	5 169.2	510.9	4 678.5	454.0
	宁德市	1 500.0	104.4	1 377.7	98.9	1 238.7	88.7
	南平市	1 339.5	86.4	1 232.6	81.0	1 105.8	71.6
	三明市	1 713.1	93.7	1 621.2	90.9	1 477.6	89.8
	莆田市	1 655.2	115.7	1 502.1	110.3	1 342.9	94.9
	龙岩市	1 739.0	124.6	1 621.2	119.8	1 479.9	117.2
	泉州市	6 137.7	388.3	5 733.4	380.1	5 218.0	346.9
	漳州市	2 766.6	179.1	2 506.0	169.0	2 236.0	154.2
	厦门市	3 466.0	606.1	3 273.5	543.8	3 018.2	490.6
江西省 (11个)	南昌市	4 000.0	389.2	3 668.0	342.2	3 336.0	291.9
	九江市	1 955.0	247.2	1 780.0	213.7	1 601.7	176.2
	景德镇市	800.0	90.6	738.2	82.2	680.3	73.8
	上饶市	1 650.8	222.3	1 550.2	194.2	1 401.3	164.4
	鹰潭市	640.0	83.0	607.0	73.4	553.5	66.1

续表

省份	地级市	2015年		2014年		2013年	
		GDP	公共预算收入	GDP	公共预算收入	GDP	公共预算收入
江西省 （11个）	抚州市	1 105.1	126.8	1 036.8	116.4	940.6	100.5
	新余市	955.0	98.8	900.3	89.9	845.1	84.5
	宜春市	1 620.0	215.0	1 523.0	190.3	1 387.1	159.4
	萍乡市	912.4	130.5	865.0	94.2	798.3	85.5
	吉安市	1 328.5	161.7	1 242.1	142.6	1 123.9	121.4
	赣州市	1 973.9	245.5	1 843.6	225.3	1 673.3	184.4
山东省 （17个）	济南市	6 200.0	614.3	5 770.6	543.1	5 230.2	482.0
	德州市	2 750.0	182.8	2 596.1	171.3	2 460.6	150.0
	滨州市	2 355.3	204.2	2 276.7	187.1	2 155.7	170.1
	东营市	3 750.0	220.1	3 430.5	206.2	3 250.2	183.8
	烟台市	6 002.0	490.2	6 002.1	490.2	5 613.9	437.2
	威海市	3 001.6	249.7	2 790.3	220.8	2 549.7	195.2
	淄博市	4 130.2	317.9	4 029.8	292.5	3 801.2	273.1
	潍坊市	5 100.0	484.5	4 786.7	430.2	4 420.7	383.9
	聊城市	2 663.6	175.9	2 516.4	156.2	2 365.9	135.6
	泰安市	3 240.0	205.3	3 002.2	187.4	2 790.7	168.8
	莱芜市	665.8	50.2	687.6	49.6	653.5	46.8
	青岛市	9 400.0	1 006.3	8 692.1	895.2	8 006.6	788.7
	日照市	1 670.0	121.7	1 611.8	111.1	1 500.2	100.1
	济宁市	4 013.1	368.6	3 800.1	334.2	3 501.5	302.2
	菏泽市	2 400.0	177.7	2 222.2	162.0	2 050.0	159.3
	临沂市	3 763.2	283.9	3 569.8	251.0	3 336.8	216.1
	枣庄市	2 030.0	149.0	1 980.1	137.9	1 830.6	130.7
河南省 （17个）	郑州市	7 315.2	942.9	6 800.0	833.9	6 202.0	723.6
	安阳市	1 884.5	100.3	1 791.9	95.3	1 684.0	92.2
	鹤壁市	713.2	52.9	682.0	47.1	622.0	39.6
	濮阳市	1 333.6	79.0	1 253.6	70.4	1 130.5	60.5
	新乡市	1 982.3	144.6	1 918.0	139.1	1 766.1	129.5
	焦作市	1 929.0	115.0	1 846.0	106.0	1 707.0	97.3
	三门峡市	1 260.6	93.9	1 240.0	92.5	1 205.0	81.8
	开封市	1 604.8	108.3	1 492.1	96.2	1 363.5	80.7
	洛阳市	3 508.8	286.7	3 284.6	260.3	3 140.8	234.0
	商丘市	1 803.9	110.7	1 697.6	100.7	1 538.2	85.8
	许昌市	2 270.0	138.5	2 108.0	125.0	1 903.0	108.0

续表

省份	地级市	2015年		2014年		2013年	
		GDP	公共预算收入	GDP	公共预算收入	GDP	公共预算收入
河南省 (17个)	平顶山市	1 335.0	117.9	1 289.3	112.4	1 556.9	119.7
	周口市	2 082.4	100.4	1 992.1	91.0	1 790.7	76.0
	漯河市	992.9	68.3	952.3	62.9	861.5	53.9
	南阳市	2 500.0	157.1	2 347.1	141.0	2 499.2	123.6
	驻马店市	1 807.1	96.0	1 691.3	85.7	1 542.0	71.9
	信阳市	1 920.0	91.0	1 757.3	80.3	1 610.8	67.9
湖北省 (12个)	武汉市	10 905.6	1 245.0	10 069.5	1 101.0	9 051.3	979.0
	十堰市	1 300.0	93.0	1 200.8	85.8	1 080.0	73.5
	襄阳市	3 382.1	339.1	3 000.0	249.2	2 800.0	191.5
	随州市	785.0	43.3	725.0	36.7	663.0	29.7
	荆门市	1 388.5	80.4	1 310.6	69.8	1 202.6	59.8
	孝感市	1 457.2	122.8	1 368.0	107.3	1 230.0	89.1
	宜昌市	3 384.8	339.1	3 132.2	271.5	2 818.0	206.3
	黄冈市	1 589.2	112.8	1 455.2	96.1	1 332.6	80.0
	鄂州市	730.0	47.2	690.0	42.7	630.5	38.4
	荆州市	1 610.0	103.9	1 480.5	88.2	1 334.9	72.0
	黄石市	1 220.0	100.6	1 207.0	89.4	1 144.0	78.4
	咸宁市	1 030.1	80.1	1 000.0	70.8	872.1	58.7
湖南省 (14个)	长沙市	8 500.0	719.0	7 810.0	632.8	7 200.0	536.6
	岳阳市	2 886.3	128.0	2 669.3	121.7	2 435.5	106.0
	张家界市	447.7	31.6	410.0	28.6	365.7	25.6
	常德市	2 720.0	148.8	2 514.2	134.9	2 264.9	122.5
	益阳市	1 354.4	68.5	1 253.2	59.4	1 123.1	52.1
	湘潭市	1 703.1	173.9	1 570.6	107.2	1 443.1	97.9
	株洲市	2 335.1	191.4	2 161.0	167.4	1 949.4	148.6
	娄底市	1 291.4	59.9	1 210.9	58.9	1 118.2	62.4
	怀化市	1 280.0	72.8	1 181.2	69.5	1 117.7	76.8
	邵阳市	1 390.0	92.0	1 261.6	79.7	1 130.0	68.1
	衡阳市	2 620.0	194.6	2 396.6	173.4	2 169.4	157.2
	永州市	1 413.0	92.5	1 301.5	80.6	1 175.4	70.0
	湘西市	497.2	46.1	457.0	37.8	418.9	33.2
	郴州市	2 012.1	162.7	1 872.6	171.7	1 685.5	146.5
广东省 (21个)	广州市	18 100.4	1 349.1	16 700.0	1 241.5	15 420.1	1 141.8
	韶关市	1 163.0	85.2	1 111.5	82.0	1 010.0	71.7

续表

省份	地级市	2015年		2014年		2013年	
		GDP	公共预算收入	GDP	公共预算收入	GDP	公共预算收入
广东省 （21个）	梅州市	950.0	103.6	885.8	85.2	800.0	69.4
	河源市	810.1	67.5	759.0	60.5	686.9	48.8
	清远市	1 285.0	108.4	1 187.7	102.6	1 093.0	92.8
	潮州市	910.1	47.2	850.2	41.3	780.3	37.1
	揭阳市	1 890.0	77.4	1 780.4	73.7	1 605.4	66.7
	汕头市	1 850.0	131.0	1 716.0	124.0	1 565.9	112.1
	肇庆市	1 970.0	143.4	1 845.1	139.1	1 660.1	120.8
	惠州市	3 140.0	340.0	3 000.7	300.6	2 678.4	250.1
	佛山市	8 010.0	557.4	7 603.3	500.7	7 010.2	437.9
	东莞市	6 280.0	518.0	5 881.0	455.2	5 500.0	409.0
	云浮市	710.1	58.7	674.0	52.9	602.3	45.8
	汕尾市	780.0	28.8	717.0	49.2	671.8	48.2
	江门市	2 200.0	199.0	2 083.0	177.2	2 000.0	158.0
	中山市	3 010.0	287.5	2 823.0	251.6	2 638.9	225.3
	深圳市	17 500.0	2 727.1	16 002.0	2 082.0	14 500.2	1 731.0
	珠海市	2 038.0	269.9	1 857.3	224.3	1 651.0	194.2
	阳江市	1 256.0	67.9	1 168.6	63.0	1 040.0	53.7
	茂名市	2 445.6	113.9	2 349.0	100.4	2 160.2	90.3
	湛江市	2 380.0	121.9	2 258.7	114.4	2 060.0	105.9
广西壮族 自治区 （14个）	南宁市	3 410.1	297.1	3 148.3	274.9	2 803.5	256.3
	桂林市	1 943.0	134.5	1 827.1	123.9	1 657.9	111.0
	河池市	618.0	31.5	601.0	29.9	518.0	27.0
	贺州市	482.9	29.0	440.0	24.4	423.9	22.0
	柳州市	2 311.0	146.7	2 120.8	133.2	2 016.9	125.1
	百色市	980.4	73.0	917.9	70.9	828.0	65.7
	来宾市	557.7	30.3	551.2	38.0	515.6	36.4
	梧州市	1 078.6	92.3	1 006.0	90.5	991.7	85.7
	贵港市	865.2	42.6	805.4	36.5	752.6	31.2
	玉林市	1 450.0	97.2	1 341.7	88.9	1 198.5	75.5
	崇左市	682.8	50.1	649.7	48.4	584.6	47.5
	钦州市	944.4	50.3	855.0	47.6	750.0	45.0
	防城港市	630.0	52.1	588.9	45.5	525.0	40.7
	北海市	940.0	47.6	856.0	47.2	735.0	42.1

续表

省份	地级市	2015年		2014年		2013年	
		GDP	公共预算收入	GDP	公共预算收入	GDP	公共预算收入
海南省 （4个）	海口市	1 170.0	111.5	1 005.5	100.1	904.6	86.7
	三沙市						
	儋州市	232.5	16.0	215.6	13.4	194.7	11.6
	三亚市	435.0	88.9	404.4	77.8	373.5	67.5
四川省 （18个）	成都市	10 800.0	1 154.4	10 056.6	1 025.0	9 108.9	898.5
	广元市	605.4	40.8	566.2	34.8	518.8	30.5
	巴中市	500.0	39.0	456.7	33.0	415.9	27.4
	绵阳市	1 700.3	104.1	1 579.9	101.8	1 450.0	90.0
	德阳市	1 605.1	88.6	1 515.6	83.5	1 395.9	80.5
	达州市	1 360.0	79.2	1 347.8	72.4	1 245.4	60.3
	南充市	1 516.2	85.1	1 432.0	76.6	1 328.6	65.6
	遂宁市	915.8	49.0	809.6	39.7	736.6	33.6
	广安市	1 005.6	56.7	919.6	46.0	835.1	38.6
	资阳市	1 270.4	61.8	1 195.6	55.5	1 092.4	48.4
	眉山市	1 029.9	83.1	944.9	75.2	860.0	63.6
	雅安市	502.6	30.3	462.4	27.4	418.0	22.9
	内江市	1 198.6	50.3	1 156.8	45.1	1 069.3	37.8
	乐山市	1 301.2	85.5	1 207.6	78.8	1 134.8	75.1
	自贡市	1 143.1	44.8	1 073.4	42.4	1 001.6	38.3
	泸州市	1 353.4	128.3	1 259.7	115.9	1 140.5	109.6
	宜宾市	1 560.0	114.6	1 443.8	105.6	1 345.0	100.2
	攀枝花市	925.2	53.3	870.9	62.9	800.9	58.6
贵州省 （6个）	贵阳市	2 891.0	374.2	2 497.3	331.6	2 085.0	277.2
	遵义市	2 153.0	177.6	1 874.4	159.7	1 584.7	136.8
	铜仁市	700.0	56.0	647.7	50.1	535.2	44.5
	毕节市	1 440.2	107.6	1 266.7	116.1	1 041.9	125.6
	六盘水市	1 201.1	136.0	1 042.7	128.7	882.1	123.6
	安顺市	620.4	69.9	516.3	58.5	427.9	46.9
云南省 （8个）	昆明市	3 970.0	458.9	3 710.0	444.0	3 450.0	450.8
	昭通市	709.2	55.3	670.3	51.0	634.7	47.5
	丽江市	290.0	47.8	261.8	46.1	248.8	45.8
	曲靖市	1 630.3	118.1	1 649.4	115.7	1 583.9	121.5
	保山市	552.0		501.0	47.2	453.0	42.8
	玉溪市	1 245.7	124.8	1 184.7	113.6	1 102.5	106.0

续表

省份	地级市	2015年		2014年		2013年	
		GDP	公共预算收入	GDP	公共预算收入	GDP	公共预算收入
云南省（8个）	临沧市	502.1	38.1	465.1	37.3	418.3	36.9
	普洱市	514.4	47.5	465.0	45.0	425.4	53.7
西藏自治区（5个）	拉萨市	389.5	82.4	353.7	64.8	312.0	50.2
	昌都市	136.0	10.2	117.1	9.0	104.5	7.5
	林芝市			92.9	7.6	81.8	7.0
	日喀则市	161.0		146.4	8.1	128.6	7.4
	山南市			100.1	9.9	86.0	7.9
陕西省（10个）	西安市	5 810.0	650.9	5 474.8	583.8	4 884.1	502.0
	榆林市	2 621.3	295.6	3 005.7	267.8	2 846.8	260.7
	延安市	1 198.6	161.2	1 386.1	168.1	1 354.1	155.4
	铜川市	324.5	23.1	340.4	22.1	322.0	24.1
	渭南市	1 469.1	72.1	1 460.9	67.5	1 349.0	65.0
	宝鸡市	1 788.6	84.5	1 658.5	78.1	1 545.9	72.0
	咸阳市	2 155.9	85.5	2 063.2	85.3	1 860.4	79.0
	商洛市	621.8	31.8	576.3	29.0	510.9	25.7
	汉中市	1 064.8	44.7	991.0	40.9	881.7	35.8
	安康市	772.5	30.8	689.0	28.0	604.6	25.3
甘肃省（12个）	兰州市	2 096.0	185.6	1 913.5	152.3	1 776.8	124.5
	嘉峪关市	190.0	15.1	243.1	15.8	239.3	15.3
	酒泉市	560.0	33.4	634.0	32.2	659.0	26.7
	张掖市	376.6	24.1	356.5	22.1	336.9	16.7
	金昌市	224.5	18.5	244.5	18.0	250.5	15.8
	武威市	416.2	26.8	404.2	22.2	381.2	18.4
	白银市	434.3	25.5	447.6	26.0	464.5	24.1
	庆阳市	609.4	55.4	669.0	61.5	616.5	63.7
	平凉市	356.0	24.7	350.5	24.1	335.0	22.6
	定西市	305.0	24.4	267.9	21.5	250.0	17.0
	天水市	560.1		503.0	31.8	480.0	27.5
	陇南市	310.0	25.5	262.5	23.9	252.0	21.5
青海省（2个）	海东市	402.8	21.7	377.7	17.0	337.0	13.7
	西宁市	1 131.6	94.8	1 077.1	83.9	978.5	67.1
宁夏回族自治区（5个）	银川市	1 480.7	171.3	1 395.7	153.6	1 273.5	134.6
	石嘴山市	482.4	26.8	467.2	29.1	446.0	31.0
	吴忠市	416.0	32.0	383.4	35.1	350.0	31.0

续表

省份	地级市	2015年		2014年		2013年	
		GDP	公共预算收入	GDP	公共预算收入	GDP	公共预算收入
宁夏回族自治区(5个)	中卫市	316.6	21.3	296.9	19.5	278.0	17.1
	固原市	217.0	15.9	200.1	15.3	183.0	13.1
新疆维吾尔自治区(4个)	乌鲁木齐市	2 680.0	368.7	2 510.0	340.6	2 400.0	301.9
	克拉玛依市	670.1	75.0	847.5	73.5	853.5	65.8
	吐鲁番市	250.2	30.3	277.5	31.8	267.2	30.5
	哈密市	343.1	41.9	308.9	36.4	334.1	40.1